Monographie de Beaune

ÉTUDES BOURBONNAISES

MONOGRAPHIE DE BEAUNE

(ALLIER)

Par l'Abbé SARASSAT, curé de Beaune

Membre de la Société d'Emulation du Bourbonnais
de la Société bourbonnaise des Etudes locales
de la Société des Sciences naturelles et archéologiques de la Creuse
et des Amis de Montluçon

MOULINS
CRÉPIN-LEBLOND, IMPRIMEUR-ÉDITEUR
Rue Jean-Jacques-Rousseau

1922

AVANT-PROPOS

Pius est patrum facta referre labor.

AVEC ces pages sur Beaune, j'apporte ma modeste contribution à l'histoire du Bourbonnais. C'est une étude incomplète... Il aurait fallu fouiller les archives de la région et les études des notaires... Je n'ai eu ni le temps, ni les ressources pour le faire ; c'est mon excuse. Toutefois, tel qu'il est, je crois que ce travail peut offrir un certain intérêt. Il montre ce que l'on peut trouver d'insoupçonné dans un petit pays en apparence déshérité de toute histoire.

En étudiant ma vieille paroisse, j'ai vécu autant, sinon plus, avec les morts qu'avec les vivants; et j'avoue que ce commerce intime m'a donné de douces jouissances.

Les registres paroissiaux m'ont été d'une très grande utilité et une mine féconde de renseignements : l'histoire, comme la patrie, n'est-elle pas faite de la cendre de nos morts ?...

Je ne sais plus le nom de l'auteur qui a dit :

« Dans le silence de l'histoire, la tombe est le meilleur document que l'on puisse consulter pour connaître la vie, les mœurs et la religion de nos pères. Toutes les connaissances du passé sont dans les tombeaux et nos cimetières sont pour nous ce que les catacombes sont

pour Rome, et ce que les momies et les Pyramides sont pour l'Egypte. »

∴

Afin de ne pas surcharger ni alourdir le texte au courant du récit, j'indique de suite les sources et références où j'ai puisé :

Collection DES GOZIS : *Notes sur les familles bourbonnaises.*

Archives de l'Allier.

J. CORNILLON : Le Bourbonnais sous la Révolution française.

Eug. LE BRUN : Le Veurdre.

C. GRÉGOIRE : Histoire du Canton de Montmaraud.

E. GARMY : Le Canton de Commentry.

Je m'acquitte d'un devoir en remerciant tous ceux qui ont mis à ma disposition leur obligeance et leur amabilité à me documenter. Gratitude toute spéciale à mon confrère et ami, M. l'abbé Peynot, dont l'érudition et les connaissances paléographiques m'ont été d'un grand secours.

CHAPITRE PREMIER

La Commune

§ 1er. — Origine de Beaune

QUELLE est l'étymologie du nom de *Beaune,* qui s'écrivit d'abord : *Beaulne?* Quand on aborde cette question d'origine des lieux habités, il est difficile d'arriver à une exactitude précise. On est obligé souvent, faute de preuves, de rester dans le champ des hypothèses, tout en évitant de tomber dans la fantaisie.

Nous ferons quelques remarques que l'histoire des noms de lieux nous suggère :

1° L'appellation latine du moyen âge indique très souvent l'étymologie exacte ou, du moins, très rapprochée du nom que porte la localité.

2° Les anciens donnèrent souvent à un lieu le nom d'une divinité païenne, en honneur à cette époque.

3° Les chefs de l'armée romaine, sur le parcours de leurs voies, imposèrent fréquemment leur nom au lieu qui leur avait plu, soit par sa situation topographique, soit par les agréments qu'il offrait. Souvent, ils s'y implantaient et en devenaient les maîtres et les premiers seigneurs.

4° Souvent aussi, le nom d'un lieu est tiré d'une rivière, d'une montagne, d'un bois, d'un rocher pittoresque existant dans le pays. Les exemples de ce genre abondent dans notre Bourbonnais.

Or, nos vieux documents du moyen âge écrivent Beaune : *de Belna*. Nos modernistes en orthographe, sans respect pour la tradition, ont cru bon d'écrire *Beaune,* au lieu de *Beaulne,* prétendant très probablement que les noms propres n'ont pas d'orthographe : ce qui est une grave erreur et une preuve de leur ignorance de la formation de la langue française.

Beaulne viendrait-il du dieu gaulois *Belenus ?* Ou bien, aurait-il été donné par un chef gaulois du même nom, Belenus, dont le neutre *Belenum* et, par abréviation, *Belnum,* indiquerait la terre, le fief, la propriété de Belenus ?

Autre hypothèse. Il pourrait se faire que les premiers habitants eussent donné eux-mêmes le nom de Beaulne à leur territoire en se basant sur le caractère et l'aspect spécial du pays qui est un bois où l'on trouve surtout des aulnes. Nos concitoyens prononcent Biaulne, comme ils disent : Biaulée, c'est-à-dire bois d'aulnes, d'où Beaulne.

J'incline volontiers vers cette hypothèse tirée d'un fait naturel, sans toutefois me prononcer.

Je ne mentionne qu'à titre de pure indication, une autre opinion qui ferait venir Beaulne de *Balneum,* bain.

Aux érudits et connaisseurs le soin de décider !

§ 2. — Antiquités

Tudot, qui a étudié très attentivement le vieux sol bourbonnais, fait passer sur le territoire de Beaune une voie romaine, allant de Chantelle à Néris. Cette voie est marquée sur la carte de Peutinger. Elle traverse la forêt de Château-Charles, arrive à Beaune pour se diriger sur Hyds, Malicorne et Néris. On en trouve maints vestiges dans toutes les localités traversées.

A quelques centaines de mètres du bourg de Beaune, sur la nouvelle route qui va à Montmarault, au champ des Garnes, on voit, très apparents, des restes d'un camp romain en bordure de la voie romaine, où on trouve à foison des tuiles à rebord, des conduits romains et, chose plus intéressante, une vaste plate-forme de vingt mètres de long sur quinze de large, bétonnée, reposant sur un lit de pierres sèches qui peut bien avoir un mètre de profondeur et indiquant probablement l'emplacement de l'aire où les soldats romains écrasaient leurs grains avec la meule.

On peut voir, au Musée de Moulins, une statuette de 60 centimètres de hauteur, décrite par Tudot, et qui représente une femme vêtue de la stola qu'elle relève de la main droite. Le bras gauche s'appuie sur une urne d'où l'eau s'échappe avec abondance. Elle est chaussée de cothurnes ; un enfant, debout à ses pieds, semble lui parler et un autre, assis sur l'épaule gauche, lui caresse la chevelure. Il est probable, ajoute Tudot, que, sur le piédestal, il y avait un troisième enfant...

C'est dans le camp romain précité que fut découverte cette statuette, qui semble être la déesse de la Source, vénérée autrefois par nos ancêtres gallo-romains et spécialement à Néris-les-Bains.

On y a trouvé également un magnifique couteau en silex, peut-être le plus beau spécimen que l'on ait, mesurant 33 centimètres de longueur, et qui a été déposé, lui aussi, au Musée de Néris.

Pres du château de Sallebrune, au village de ce nom, on trouve une motte fort bien conservée, avec ses fossés entourés d'eau. Ce tumulus est boisé, et les anciens du pays se souviennent d'avoir trouvé des substructions très intéressantes, voire même une baignoire en pierre, qui a disparu et sert peut-être d'abreuvoir dans quelque domaine. Sur la route qui a été faite tout à côté, il y a plusieurs années, on a coupé des canalisations cimentées qui partaient dans toutes les directions et déversaient l'eau servant au bain. Nous pourrions nous trouver en face d'une villa gallo-romaine. Il est fâcheux que l'on ne puisse pas explorer les deux emplacements que je viens de décrire. Ils nous donneraient peut-être la clé de bien des choses.

§ 3. — Territoire — Situation — Cultures

La commune de Beaune fait partie du canton civil de Montmarault, arrondissement de Montluçon. La paroisse qui, primitivement, relevait de l'archevêque de Bourges, puis de Clermont, dépend actuellement de l'évêché de Moulins, depuis sa formation, et du doyenné ecclésiastique de Doyet.

Elle est bornée au nord, par Saint-Bonnet-de-Four ; à l'est, par Blomard et Vernusse ; au sud, par La Peyrouse, et à l'ouest, par Hyds et Louroux-de-Beaune. Son altitude est de 500 mètres au bourg de Beaune et de 580 au moins au turail de Pouënat, point culminant de la contrée, d'où la vue embrasse un horizon très étendu et ravissant.

A cheval sur les dernières crêtes des collines de la Combraille, son territoire forme deux versants : le versant sud qui dépendait autrefois du bailliage de

Montaigut-les-Combrailles, et le versant nord qui relevait de la châtellenie de Murat.

Deux routes la traversent : l'une, du nord au sud, allant de Montmarault à Montaigut ; l'autre, de l'est à l'ouest, s'embranchant sur celle de Montmarault, au village de Lorraine, et, prenant la direction de Commentry en suivant à mi-côte la colline de Pouënat, traverse le joli petit bourg de Hyds et passe près de Malicorne.

Beaune, « bon pays de seigle et pacages », dit d'Argouges, intendant de la généralité de Moulins, en 1686.

A cette époque encore, la région était couverte de bruyères, de landes incultes, de broussailles coupées de sentiers défoncés et étroits, vrai pays de Combraille. L'aspect de la région est agreste et ressemble à un bois, tellement les arbres de toute nature, les chênes surtout, sont nombreux et touffus. Il est vrai que les besoins de la culture et du temps font disparaître peu à peu ces vieux géants, témoins du passé que les seigneurs de l'époque, à l'âme plus poétique que la nôtre, respectaient et vénéraient comme symboliques de leur noblesse, mais que nos cultivateurs, plus positifs et plus pratiques, emploient pour leurs usages personnels. Certaines parties sont très accidentées, et on y trouve des paysages pittoresques, dignes du pinceau d'Harpignies, avec, au milieu des champs, des blocs de granit, de ce granit friable qui constitue le riche sous-sol de la contrée. Beaucoup de ces rochers ont été brisés, et l'on peut se rendre compte de ce qu'il y fallut de ténacité et de travail, en voyant ces masses de pierres que nos paysans ont alignées le long de leurs champs, comme autant de murailles qui encerclent leurs propriétés et donnent l'illusion d'un paysage du Quercy.

Le sol, ainsi nettoyé, défriché, la terre donne toutes les récoltes qu'on lui demande : céréales, légumes, herbages, et, aujourd'hui, la commune de Beaune qui, autrefois, était pauvre et faisait venir son blé du grenier de Dijon dans les mauvaises années, est l'une des plus fertiles et des plus riches du canton de Montmarault.

La population de Beaune est essentiellement et exclusivement agricole. Jadis, la seule industrie du pays était la fabrique de poteries en terre dont les fours à cuire s'alignaient dans la vallée et tout le long du versant de Rivalais — depuis les Beaussins, Leyrier, les Bordes, les Geyssoux, Châtelus, le Sou, la Signolle, les Caves, le Gât, paroisse de Beaune, — pour se prolonger sur Blomard, Saint-Bonnet-de-Four et jusqu'aux portes de Louroux-de-Beaune. La glaise était très abondante, et c'était la forêt de Château-Charles qui la fournissait.

Nos maîtres potiers, les Bertrand, les Audinat, les Aurouan, etc., vendaient leurs produits fort loin, jusque dans le pays de la Haute-Marche. Et je me souviens avoir vu, il y a cinquante ans, les potiers des Caves étaler sur la place de l'église de ma paroisse natale, à plus de trente kilomètres de Beaune, leurs cuviers et leurs *pannes* en terre que nos diligentes et judicieuses ménagères se disputaient, parce qu'elles les appréciaient. La lessive était si bonne, et le linge si blanc !

Détail assez curieux : Un des plus anciens potiers de Beaune qui me soit connu — j'ai relevé son nom en 1600 — s'appelait Bertrand ; et Bertrand était aussi le nom d'un potier qui exerçait, encore dans la même commune, il y a peu d'années... Ainsi, de père en fils, cette famille a pratiqué, à

Beaune, pendant plus de trois cents ans, la même profession.

§ 4. — Population — Bourg — Villages

En 1569, Nicolay mentionne que la population de Beaune est de 138 feux, soit 690 habitants environ. En 1686, d'Argouges n'accuse que 91 feux. En 1790, il y a 1.044 habitants.

En 1804, d'après la statistique faite par M. Caillot, curé de la paroisse, la population est de 1.027, dont 652 adultes et 375 enfants.

Le dernier recensement (1921) porte le chiffre de 762 habitants. Ce qui prouve que Beaune a subi des alternatives de croissance et de décroissance, comme la plupart de nos communes rurales.

Le bourg comprend actuellement 26 feux. Il est situé sur le versant nord du territoire, presque à la base de la colline de Pouënat qui l'abrite. C'est une petite bourgade agglomérée sur un rocher, et qui ressemble à un bourg de l'ancienne Auvergne, sa voisine, avec ses maisons basses, de modeste apparence pour la plupart, alignées sans ordre et sans symétrie le long des routes qui se croisent : Beaune à Hyds, Beaune à Bézenet, Beaune à Montaigut et Beaune à Montmarault.

On voit encore quelques maisons anciennes qui étaient, il y a trois cents ans environ, l'habitation des notaires, huissiers, sergents royaux, postes, officiers de la gabelle et des traites foraines, représentants de la classe bourgeoise d'alors.

De cet ensemble, se dégage la vaste église avec son clocher original, sur une place qui était autrefois le cimetière et qui est maintenant nivelée et dégage l'église du côté sud.

De la route de Bézenet on accède à l'église et à la place par un ancien chemin, en raidillon et pavé, où se trouvait la porte est de Beaune, avec sa herse et son pont-levis adjacent au castel fort bâti sur une motte entourée de fossés dont on distingue très nettement l'enceinte. C'était le castel fort du haut policier de Beaune. Il n'en reste que quelques remparts en ruine.

Les villages, très nombreux, sont parsemés dans la campagne. On y remarque quelques maisons neuves. Mais presque tous sont constitués par de vieilles métairies, qui dépendaient autrefois des seigneurs de la paroisse et dont les habitants étaient les fermiers à bail ou les serviteurs domestiques.

Voici leurs noms et leur population par feux :

La Forêt, 8 feux ; La Planche, 4 ; Le Roussay, 9 ; Les Jambruns, 3 ; Les Varins, 2 ; Praudin, 1 ; Les Varaises, 1 ; La Faye, 6 ; Les Bruyères, 6 ; Les Denis, 4 ; L'Auge, 3 ; Les Pichets, 3 ; Le Bas-du-Four, 9 ; Le Theil, 1 ; Laval, 3 ; Villards, 4 ; Cornassat, 6 ; Montlebet, 6 ; La Jarge, 4 ; Les Marceaux, 2 ; Les Caves, 4 ; Les Bayets, 1 ; Les Bordes, 5 ; Le Soupt, 2 ; Le Gué-de-Saut, 5 ; Les Baussins, 3 ; Châtelus, 3 ; Leyrier, 8 ; Sallebrune, 2 ; Les Joberts, 4 ; Le Petit-Pouënat, 3 : Les Guillaumais, 6 ; Le Vernet, 1 ; Lorraine, 4 ; Pouënat, 9 ; La Saulzée, 1 ; La Croix-Cornassat, 2 ; Les Crémillères, 1 ; Les Sauvages, 3 ; Le Mazeau, 5 ; Les Rocs, 1 ; Ladoue, 7 ; Valoin, 2 ; Les Guérets, 4 ; Lachaume, 12 ; le bourg, 26 feux.

§ 5. — Noms propres

Nous ne pouvons pas, dans un travail forcément limité, citer les noms de toutes les familles qui ont habité Beaune et dont un grand nombre sont encore dans le pays. Mais il y a des remarques locales intéressantes à faire sur l'origine des noms propres et des surnoms.

Suivant une hypothèse généralement admise, l'origine des noms de famille pour la France daterait du douzième siècle environ. Vers cette époque, les serfs s'étaient successivement affranchis et chacun d'eux, pour marquer son individualité et en se détachant du seigneur, son maître, ne se serait pas contenté de son nom de baptême, mais aurait ajouté un qualificatif pour le distinguer du voisin.

Ils tiraient ce nom :

1° De leur métier ou profession. Comme chez nous : les Ferrier, les Meunier, les Charbonnier, les Chevalier, les Carrier, etc.

2° De leur situation agricole : les du Pré, de la Vigne, du Val, du Chêne, de l'Orme, du Mas, du Puy, de la Fontaine, de la Porte, de la Ville, etc.

3° De leur forme, physionomie ou caractère : les Brun, Jambrun, Jamblanc, le Court, le Grand, le Camus, le Gros, le Long, etc.

4° Du nom du village où ils étaient nés : de Poynat, de la Faye, du Rousset, des Pâtureaux, de Laval, du Four, de la Jarrège, des Sauvages, de la Rocherolle, de la Leychière, des Guillaumets, de la Chassignole, des Chiers, des Bordes, etc. On remarquera que la préposition *de* (sans prétention à la noblesse) est l'indice du lieu d'où l'individu tire son nom. Exemple : de la Jarrège, habitant du lieu appelé la Jarrège.

5° En ce qui concerne les bâtards et les enfants trouvés, que l'on déposait secrètement pendant la nuit près des maisons habitées, on avait l'habitude

2

de leur donner un nom tiré de l'endroit précis où l'on avait recueilli le petit être sans famille. Ainsi : la Grange, la Chabanne, la Forêt, la Font, le Bois, etc.

A mesure que les familles se multipliaient, pour les distinguer d'une branche, ou d'un rameau différent, on ajoutait, afin de les différencier plus réellement et sans confusion, un surnom ou sobriquet. Ainsi, chez nous, on trouve : Dumas Bayon et Dumas Bouclier ; Martin, dit Prince ; Choppin, dit Bouis ; de la Jarrège, dit Duredon ; de la Jarrège, dit Miton ; Roumand, dit Barbier ; Guillaumin, dit Gabichon ; Pinel, dit Lagnon ; Guillaumin, dit Duret ; Robin, dit Laguillon ; Perrot, dit Marquet ; etc.

Les noms des familles les plus anciennes du pays que je trouve dans les registres paroissiaux dès 1630-1635, et qui existent encore à Beaune sont : Perrot, Lucat, Guillaumin, Bellot, Guillet, Pinel, Chopin, Charbonnier, Guilhaumet, Descloux, Durin, Cluzel, Ferrier, Bramat, Denis, Peyronnet, Petit, Gidel (*alias* Geydel), Alexeline, Jouanin, Bertrand, Bizebarre, Martin.

§ 6. — Administration et Justice

En 1569, Beaune dépendait en partie de la châtellenie de Murat, dont le siège fut transporté plus tard de Murat à Villefranche et enfin de Villefranche à Montmaraud.

La justice de Beaune appartenait au sieur de la Souche et de Montgeorges, probablement Jean IV, époux de Gabrielle de Sarre.

D'Argouges note, en 1686, la justice de Beaune appartenant au sieur de Beaune.

Voici ce que dit à ce sujet Maurice des Gozis, dans

ses notes déposées aux Archives départementales de l'Allier :

La plus ancienne mention que je connaisse de la seigneurie de Beaune se réfère au personnage suivant :

I. — Gilbert de la Souche, chevalier, seigneur de la Souche, Doyet, *Beaune*, la Varenne, fut témoin, le 14 janvier 1469, du contrat de mariage d'Antoine de Chateaubodeau avec Françoise de Pérassier. Il épousa, par contrat du 9 mai 1466, Antoinette de Saint-Quentin-Beaufort. Dont, entre autres enfants :

II. — Jean de la Souche, cinquième du nom, seigneur de la Souche, *Beaune*, Doyet, la Varenne, Saint-Augustin, Noyant, etc. ; gentilhomme du duc de Bourbon, marié, le 1er février 1505, à Gabrielle de Sarre, dame de Noyant, Saint-Augustin, etc., fille de Jean et d'Anne de Chareil. Il eut plusieurs enfants, dont :

III. — Gabriel de la Souche, seigneur de la Varenne, *Beaune*, Doyet, la Souche, Chezelles, Montgeorges, etc. ; né vers 1515 ; vivait encore le 26 août 1570. Il épousa, en 1559, Gabrielle du Peschin. Dont, entre autres :

IV. — Antoine de la Souche, écuyer, seigneur de *Beaune*, Montgeorges, Chassignoux, etc. ; épousa, vers 1600, Louise de Murat, dont il eut deux filles seulement.

Après lui, nous trouvons seigneur de Beaune :

I. — Gilbert de la Mousse, deuxième du nom, écuyer, seigneur de *Beaune*, la Faye, etc. ; puis (par sa femme) de la Motte de Joux, les Miniers, etc. Vivait au milieu du dix-septième siècle et encore en 1691. Il avait épousé, en 1642, Catherine de Guines, dame de la Motte de Joux, fille de Michel, seigneur des Miniers, et d'Alix de Sommièvre. Dont, entre autres enfants :

II. — Michel de la Mousse, seigneur de *Beaune*, la Faye, les Miniers ; né vers 1645 ; qui épousa, vers 1675, Jeanne d'Oultre, dont :

III. — Gilbert de la Mousse, troisième du nom, seigneur de *Beaune*, la Faye, Vernassoux, etc. ; fit, en 1707, foi et hommage pour *Beaune* et pour ses autres terres. Il avait épousé, le 19 février 1704, Catherine-Amable de Montaignac, dont, avec plusieurs autres enfants :

IV. — Nicolas de la Mousse, seigneur de *Beaune*, Vernassoux, la Faye, les Miniers, etc. ; épousa, le 6 janvier 1739, Marie-Anne de Montaignac. Il vivait encore en 1789 et fut le dernier seigneur de *Beaune*.

§ 7. — Traites foraines, Gabelles et maîtrise des Eaux et Forêts

1° Traites foraines. — Comme la commune de Beaune séparait le Bourbonnais de l'Auvergne, provinces distinctes, le fisc avait établi, au village des Guillaumais, près de la forêt de Château-Charles, sur la route de Montmarault à Montaigut, un bureau des traites foraines pour vérifier les marchandises qui passaient du Bourbonnais en Auvergne et réciproquement, et qui étaient soumises à un droit d'entrée avant de franchir la limite de la province. Ce sont les employés d'octroi qui ont remplacé cette institution du moyen âge.

2° Gabelles. — La gabelle était un impôt sur le sel. Une ordonnance de Philippe VI, du 20 mars 1340, établit, au profit du fisc, un impôt sur le sel dans tout le royaume. Il y avait, de distance en distance dans la province, des greniers à sel où chaque famille avait droit de prendre, pour son usage, une quantité de sel déterminée par les gabeliers ou gabelous, moyennant un prix fixé, avec défense d'en revendre une partie quelconque, ni de l'employer à des salaisons, sous peine de punition sévère. Le Bourbonnais était compris parmi les pays de grande gabelle et payait le sel 62 francs le quintal et la distribution était de 9 livres par tête, en moyenne.

L'Auvergne était comprise parmi les pays de petite gabelle, et payait le sel 33 livres 10 sols par quintal et la distribution était de 11 livres 3/4 par tête.

Pour éviter la fraude et empêcher le commerce des faux sauniers, — qui étaient nombreux dans la région avoisinant les grands bois où ils se cachaient et se défendaient à main armée, — un poste de gabeliers était établi à la lisière des deux pays de Bourbonnais et Auvergne, dans le village des Guillaumais et celui de La Leychière. Il y avait un lieutenant de gabelles et des employés subalternes nommés par les Fermes générales.

3° Maitrise des eaux et forêts de Montmaraud. — La maîtrise particulière des eaux et forêts, dont Montmaraud était le siège, dépendait de la grande-maîtrise ou département de Poitiers, dont relevaient Aunis, Angoumois, Limousin, Saintonge, Haute et Basse-Marche, Bourbonnais, Nivernais et dépendances. Elle avait pour fonction la police et la conservation des forêts, des eaux, routes et terrains en dépendant. Elle surveillait l'exercice des droits de péage, chasse, pêche, pacage, pâturage, chauffage, etc. Une maîtrise particulière se composait d'un maitre, d'un lieutenant, d'un procureur du roi et d'un garde-marteau. Elle avait, en outre, un greffier, un arpenteur, un receveur, des huissiers et des gardes.

Les officiers supérieurs de la maîtrise logeaient à Montmaraud et venaient faire de temps en temps des « chevauchées » ou tournées d'inspection, afin de dresser leurs rapports, donner leurs ordres, après avoir reçu des gardes forestiers les communications et les renseignements nécessaires.

La plupart des officiers subalternes habitaient soit le bourg de Beaune, soit les Guillaumais, ce qui donnait à Beaune un certain relief et prestige. Ces familles constituaient la classe bourgeoise et beaucoup de leurs membres, nos registres en font foi, s'établissaient dans le pays par le mariage de leurs enfants avec les enfants de la commune de Beaune ou des environs. Tous ces emplois prirent fin à la Révolution.

§ 8. — Epoque révolutionnaire

Pendant la période révolutionnaire, les services de la commune furent installés dans l'église qui échappa, grâce à cette mesure, au gaspillage, à l'incendie et à l'aliénation. Aussi, lors du rétablissement du culte, l'église fut-elle rendue sans difficulté à sa première destination.

Les événements de la Terreur ne semblent pas avoir suscité de graves désordres dans notre région, grâce à l'habileté et à la sagesse des administrateurs. Les habitants de Beaune laissèrent passer la tourmente sans trop se soucier de l'avenir. Ils paraissent n'avoir eu qu'une médiocre confiance dans l'amélioration de leur sort que leur promettait le nouveau régime de la liberté. Ils n'avaient sans doute pas trop à se plaindre du présent, d'où leur indifférence dans ces temps troublés.

Autre cause qui explique ce calme dans la région, à cette époque de bouleversement social. Il y avait une sorte de jalousie entre Montmarault et Beaune. La population des deux communes était à peu près la même comme nombre. La situation financière de Beaune était passable ; la classe bourgeoise y était influente ; elle se composait des employés de la gabelle, traites foraines, gardes forestiers, tous personnages officiels bien apparentés. Ceux qui auraient pu se mettre à la tête du mouvement révolutionnaire étaient sympathiques à la population et prêchaient le calme. Aussi, quand il fut question de désigner les membres du conseil du district et de présenter à l'assemblée des candidats aux divers emplois de l'administration, les délégués de Beaune furent impitoyablement écartés. De parti pris, on les taxa de « réfractaires » et c'est à peine si on voit paraître, même quand il l'eût fallu, le nom de l'agent de Beaune et celui du maire de la commune, Pierre Varin. L'agent était Fallier, chargé de vérifier les greniers et les répartitions des grains.

Encore avait-on réduit sa charge, en lui enlevant la section des Guillaumais.

En 1790, Beaune dépendait, au point de vue administratif et judiciaire, du district de Montmarault, dont les attributions les plus importantes étaient :

1° de répartir les contributions directes ; 2° de préparer les rôles ; 3° de percevoir les contributions et de faire le paiement des dépenses ; 4° de s'occuper du soin des pauvres, des hôpitaux, des prisons, de l'instruction, de l'agriculture, de l'industrie, des eaux et forêts, de l'entretien et de la construction des églises, presbytères, écoles et cimetières ; 5° de veiller à la salubrité, à l'hygiène, sûreté et tranquillité publiques ; 6° de nommer les gardes nationales et de lever des milices.

Le district de Montmarault comprenait 48 communes et avait une population de 30.347 habitants.

Beaune dépendait encore de Montmarault pour le bureau d'enregistrement des actes civils et judiciaires.

§ 9. — Vente des biens nationaux

I. Le presbytère-prieuré : vendu au citoyen Alexandre Hennequin, propriétaire à Montmaraud, pour la somme de 3.060 livres, et rétrocédé au citoyen Estienne Laporte, des Jauberts, pour le même prix, le 7 vendémiaire an V de la République.

II. La locaterie attenante au presbytère, composée d'une petite maison consistant en deux chambres avec petit jardin au devant ; plus un morceau de terre autrefois jardin, actuellement pré artificiel, du côté de la maison ; plus un autre morceau de terre autrefois cultivé, actuellement en pré artificiel, du côté de la grange du presbytère. La locaterie et les deux jardins ou morceaux de terre furent adjugés, le 18 mai 1791, et vendus comme biens nationaux à Barthélemy Lafont, ci-devant chanoine régulier à Beaune, achetant pour le compte du sieur Guillaume Lafont, son frère, curé de Beaune, et pour le prix et somme de 1.900 livres.

III. Terres du prieuré :

1° Un pré et une terre appelée Pranliat et une terre propre à ensemencer du chènevis ; le grand pré et les petites Saignes, les grandes Saignes, les grandes Garnes ; ces quatre biens dépendant du prieuré de Beaune, adjugés à la veuve Collasson et au sieur Malley de Rongères pour 3.525, 4.025, 2.700 et 3.050 livres.

2° Les Garnes-d'en-Bas, d'environ trois septerées, de la cure de Beaune, adjugés à Gilbert Guillet, propriétaire aux Brières, paroisse de Beaune, pour 1.400 livres.

3° Les petits Ganons, d'environ 18 quartonnées, joignant le chemin des Brières à Montaigut, de la cure de Beaune, adjugés à Gilbert Desvaux, également propriétaire aux Brières. Plus un pré appelé Chaumat, à faire environ trois milliers de foin, de la même provenance, à la veuve Collasson et au sieur Malley de Rongères, pour la somme et prix de 4.000 livres.

4° Les Garnes-d'en-Haut, d'environ 25 quartonnées, de la même cure de Beaune, à Jean Guillet, propriétaire aux Brières, paroisse de Beaune, pour le prix et somme de 900 livres (18 mai 1791).

IV. Biens de l'émigré François de Chambaud, sieur de Jonchère, officier au régiment de la Guadeloupe.

Sont adjugés sur le territoire de Beaune :

23 messidor an II : à Gilberte de Chambeau, veuve Debord, d'Ebreuil, et à Antoine de Chambeau, de Beaune, moyennant 11.200 livres (sur une adjudication de 6.000 livres) :

1° La réserve de Cornassat, composée d'un quart d'arpent en jardin, d'un arpent en verger où il y a des arbres fruitiers, plus six arpents en pré faisant environ treize milliers de foin ; il y a, en outre, une maison de maître composée d'une cuisine, d'une chambre de four, de trois chambres au rez-de-chaussée, d'une chambre haute et d'un petit cabinet, plus cinq petits greniers en assez bon état, une cave ou cellier à tenir environ dix pièces de vin, plus une petite basse-cour renfermée de murs : tous ces bâtiments sont couverts en tuiles ; les murs sont en bon état ; il y a de plus une grange, deux étables et une petite écurie, le tout couvert en paille.

2° Le domaine de Cornassat, composé d'un seizième d'arpent environ en jardin, de 63 arpents environ en terres labourables et d'environ 14 arpents en prés faisant 28 milliers de foin ; il reste encore en bâtiments une maison pour loger le colon. Il y a, de plus, une étable et la moitié d'une grange dont l'autre appartient aux héritiers Bélot, plus une autre grange et une bergerie : tous ces bâtiments sont couverts en paille ; il y a un abreuvoir et enfin les bestiaux, le tout pour 27.000 livres (sur une estimation de 19.123 livres).

3° Une grange et une étable en paille, moyennant 525 livres (bien évalué 300 livres).

4° Un champ contenant un arpent et demi environ, pour 600 livres (sur une estimation de 400 livres).

5° Un autre champ d'un seizième d'arpent, pour le prix de 500 livres (sur une estimation de 200 livres).

6° Deux champs attenants l'un à l'autre, contenant ensemble environ deux arpents, moyennant 605 livres (lot évalué 430 livres).

7° Trois enregées de terre, contenant ensemble cinq arpents et un huitième en terres labourables, pour la somme de 2.000 livres (estimation de 1.000 livres).

Adjugé à Nicolas Genty, de Deneuille :

Moyennant le prix de 22.000 livres (sur une estimation de 16.900 livres), le domaine du Mazeau, d'un demi-arpent en jardin ou chénevière, de soixante-six arpents en terres labourables, de six arpents en friche et de huit arpents en pré faisant 12 milliers de foin ; il y a, en outre, une maison et une chambre pour loger le colon, plus une chambre basse, une chambre haute, deux cabinets dans un vieux château attenant à la dite maison ; et, sous ces bâtiments, est une cave propre à tenir treize poinçons. Tous ces bâtiments sont couverts en tuiles. De plus, il y a deux granges et six étables couvertes en paille, une petite pêcherie, des abreuvoirs et les bestiaux. (Extrait de l'ouvrage de J. Cornillon.)

A J. Cornillon également, nous empruntons ces indications concernant la vente des immeubles des deux frères de Chambaud-Jonchère, émigrés :

17 germinal an II. Acquéreurs principaux : Martin Desgranges, Guillaumet, Rigat, Chassery, Thévenet, Perrin, Gautier, Bideau, Descloux, Thévenin, Genest. — Femmes : Bernard, Verrin, Rochet, Durin. — Total : 2.112 livres.

18 floréal an II. Acquéreurs principaux : Michard. — Femmes : Montret, Ragot, Montagnier, Blanchard, Audarde, veuve Saint-Paul, Anne James, Guyonnet, Vaury. — Total : 183 livres.

§ 10. — Des Ecoles

Il est de notoriété publique que, sous l'ancien régime, les gens des campagnes étaient en masse illettrés. Nos registres paroissiaux en font foi. Dix sur cent savent à peine signer leurs noms dans les actes officiels. Les autres déclarent « ne sçavoir signer, de ce enquis ».

La paroisse de Beaune, depuis l'an 1500, avait la bonne fortune de posséder une congrégation de prêtres communalistes. Ces prêtres, une fois leur ministère paroissial terminé, s'occupaient d'instruire les familles. Ils vivaient pour la plupart au milieu des leurs, et, le soir venu, surtout pendant les longues veillées d'hiver, ils réunissaient les enfants du voisinage et leur apprenaient, en même temps que la doctrine chrétienne, les premiers éléments de la grammaire française et des autres sciences profanes. Malheureusement, la communauté disparut vers

1680 et l'on voit de suite l'instruction subir une décroissance dans la paroisse.

Nous arrivons aux années qui précèdent la Révolution. Il semblerait que les idées nouvelles auraient favorisé l'évolution de la pensée et le besoin de s'instruire. On constate, au contraire, qu'à ce moment l'instruction est totalement délaissée. En ce qui concerne la région, nous voyons qu'un collège a été fondé à Montmarault par une bienfaitrice, Catherine Auvergnat. L'école fonctionne tant bien que mal. Des tiraillements se produisent. Pas de réparations aux immeubles scolaires. Le personnel enseignant n'est guère encouragé ; on ne lui alloue que de maigres subsides et il vit péniblement. Personne ne s'occupe de la situation. Les enfants font défaut et l'école végète.

En 1792, les membres du district du canton se montrent préoccupés uniquement de toucher leur traitement. De l'éducation des enfants, de l'instruction, ils n'ont cure. L'état d'esprit des populations semble plutôt être indifférent. Cependant, des dames de la bourgeoisie se dévouent à l'œuvre et se font librement institutrices en apportant le meilleur de leur zèle. Plusieurs écoles s'ouvrent. Dès le début, tout semble prospérer. Mais on est vite fatigué et, devant l'apathie générale, c'est l'insuccès ou du moins un succès très limité.

Les écoles, que les curés tenaient dans leurs paroisses, se fermèrent au départ des ecclésiastiques et les édiles municipaux avouent qu'ils n'ont pas de ressources pour faire face à la situation. Les locaux même font défaut et personne ne peut remplacer les éducateurs libres qui étaient partis.

Cet état de choses dura jusqu'en 1830. A cette

date, un instituteur fait officiellement sa déclaration d'ouverture d'école. Il arrive à Beaune plein de bonne volonté, désireux de se consacrer à sa tâche avec dévouement. Mais que se passa-t-il? Des difficultés sans doute lui furent suscitées. Toujours est-il que, trois ans après, il donne sa démission. Il s'appelait Jean-Baptiste Feuilletin et était né à Montluçon, le 19 avril 1812.

Voici les noms de ses successeurs, directeurs de l'école publique :

1840. Laurent-Antoine Belin, né à Désertines, le 22 thermidor an VIII.

1841. Joseph-Antoine Chanudet, né à Montmarault, le 4 février 1823.

1850. Gilbert-Rémy Mazeron, né en 1827.

1851. Gaspard Chartron, né en 1807, qui fut titulaire jusqu'en 1876.

1876. Léon Bassot, né en 1850.

1880. Gaspard Cartoux, né à Bellenaves en 1836.

1891. Pierre Mallet, né à Montmarault en 1862.

1899. Pierre Lamy, né à Agonges en 1863.

1901. Auguste Déret, né à Cérilly en 1867.

1908. Léon Badiou, né à Brugheas en 1876.

1913. Aristide Mallet, né à Lurcy-Lévy en 1880, titulaire actuel.

Directrices d'école :

1901. Angèle Gérard, épouse Déret, née en 1871.

1908. Jeanne Taillepied, épouse Badiou, née en 1878.

1913. Marie Favodon, épouse Mallet, née à Ebreuil en 1881.

Écoles libres de Beaune

Une école libre de filles fut fondée à Beaune, en

1869, par Mme Elisabeth Thévenin, veuve Siramy, de Cornassat, paroisse de Beaune. Elle fut confiée aux religieuses de la congrégation de Saint-Joseph, du Cheylard (Ardèche).

Mme Siramy, la fondatrice, mourut le 29 juin 1893, âgée de quatre-vingt-dix ans. Voici le portrait élogieux qu'en fait le curé de cette époque : « Cette insigne bienfaitrice, pendant le cours de sa longue carrière, avait été l'édification et la providence de la paroisse. C'était une âme droite, simple, d'une foi patriarcale, bonne, douce, compatissante et généreuse. Devenue veuve et sans enfants, elle employa la plus grande partie de sa fortune en bonnes œuvres, dont la plus chère à son cœur fut la fondation de l'école libre des sœurs. Sa mémoire a été bénie de Dieu et des hommes. C'est bien au premier rang que doit figurer son nom parmi les bienfaiteurs et les bienfaitrices du couvent du Cheylard. »

Les titulaires et directrices de l'école libre de filles furent :

1869-1886. Sœur Dosithée, sœur Saint-Basile et sœur Sainte-Croix.

1886. Sœur Liguori.

1895. Sœur Saint-Basile.

1897. Sœur Adrien.

1901. Sœur Léopold, directrice ; sœur Saint-Marcel, adjointe.

1903. Mlle Marie Vaucanson, sécularisée.

1911. Mlle Anne-Marie Robert, sécularisée et titulaire actuelle.

∴

L'école libre de garçons fut fondée par Mme la

vicomtesse des Mazis, née de Collasson de Sallebrune, en 1876.

Elle fut confiée aux Frères Maristes de la maison mère de Saint-Genys-Laval (Rhône). Le premier directeur de l'école fut le T. C. Frère Gamaliel.

Vinrent ensuite :

1883. T. C. Frère Michaël.

1884. T. C. Frère Tranquillin.

1885. T. C. Frère Agilus.

1897. T. C. Frère Cloman, qui se sécularisa sur place lors des lois sur les congrégations enseignantes et continua la direction de l'école jusqu'en 1909.

1909. M. Jean Tamisier, né à Loubeyrat (Puy-de-Dôme), le 4 novembre 1878.

1911. M. Gilbert Déret, dernier directeur de l'école, laquelle fut fermée en 1913.

Mme des Mazis, la fondatrice, était morte le 19 juin 1905. En disparaissant, elle fit un tel vide que, peu à peu, l'école vit diminuer le nombre de ses élèves. Elle en était l'âme et son œuvre était compromise fatalement par sa mort.

Voici l'article nécrologique qui a été consacré à Mme des Mazis et que nous trouvons dans la *Semaine religieuse* du 24 juin 1905 :

Vendredi 19 juin, en son château de Sallebrune, s'est éteinte doucement et munie des secours de la religion, Mme la vicomtesse des Mazis, née de Collasson, âgée de quatre-vingt-six ans. Cette mort a jeté le deuil, non seulement dans la paroisse de Beaune, où Mme des Mazis était vénérée comme la providence de tous, mais aussi dans les paroisses voisines où elle avait fait rayonner sa générosité. Toutes les misères physiques et morales connaissaient le chemin de sa maison. On ne quittait pas celle qu'on appelait simplement « la dame de Sallebrune » sans éprouver l'effet de son cœur généreux et dévoué. Quelle modestie ! quelle discrétion ! quel mépris du luxe dans cette existence entièrement vouée aux bonnes œuvres ! Faire le bien et sous toutes ses formes : telle était son ambition et la seule. La foi robuste qui l'animait était le levier qui donnait à cette belle nature tant de ressort et d'énergie. Par n'importe quel temps, elle se rendait à pied à l'église, distante de plusieurs kilomètres. Là, elle priait, et, au sortir de son entretien avec Dieu, elle s'informait des malades de la paroisse, tenait ses assises de charité et partait pour soigner elle-même, de ses mains, ceux qui souffraient, et avec une douceur toujours égale et souriante. Elle ne comptait pas sur la reconnaissance. Les ingrats pouvaient faire un nouvel appel à sa charité ; ils étaient toujours accueillis. Dans le pauvre, elle voyait Dieu, et sa bonté native s'inclinait toujours vers le déshérité pour lui donner un peu de bonheur.

« — Que voulez-vous ? disait-elle, à qui lui insinuait d'être plus prudente dans le choix de ses libéralités, je suis ainsi faite : j'aime à donner ; tant pis si on abuse ! »

Deux œuvres surtout lui tenaient au cœur : l'éducation chrétienne des enfants et la vocation sacerdotale. Dieu seul connaît les sacrifices qu'elle a faits pour le soutien des œuvres.

Dans ses dernières années, la souffrance était venue la visiter. Il ne lui fut plus possible de sortir de chez elle et de continuer ses visites à domicile ; mais le foyer de charité ne s'éteignait pas pour cela. Il rayonnait toujours, continuant sa douce influence. Confinée dans son salon, la bonne dame cachait son état de souffrance et, quand on lui demandait des nouvelles de sa santé, elle savait mettre tout sur le compte de la vieillesse. Jusqu'au dernier jour, avec une énergie indomptable, à genoux sur le dur pavé, elle faisait la prière en commun, chaque soir, entourée de ses domestiques qu'elle regardait comme ses enfants et qui la pleurent comme on pleure une mère.

Heureux les riches qui se font ouvrir le ciel par l'ange de la charité !

§ 11. — Listes des maires et des notaires de la commune de Beaune

1° Liste des maires :

1792, Pierre Verrin ; 1803, Bertholet ; 1809, Laporte ; 1813, Alexandre de Collasson ; 1819, Jean Thévenet ; 1820, Alexandre de Collasson ; 1830, Bertholet ; 1831, Bertholet fils ; 1840, Pierre-Sébastien Siramy ; 1848, Jean-Gilbert Virmont ; 1851, Jules-Alexandre des Mazis ; 1853, Pierre-Sébastien Siramy ; 1856, Jean-Baptiste Augot ; 1857, Pierre-Sébastien Siramy ; 1866, André-Achille de Frémont ; 1870, Laporte, président de la commission municipale ; 1871, Gustave Laporte, maire ; 1876, Jean-Baptiste Augot ; 1877, Alexis Bertholet ; 1878, Albert de la Celle ; 1894, Victor Ferrier ; 1896, Jean-Baptiste Augot ; 1912, Alexis Thévenet.

2° Liste des notaires :

1440, Chanier ; 1487, Saulvaige, prêtre communaliste ; 1500, Bartholet, vicaire ; 1545, François Guilhomyn ; 1547, Eustache Guilhomyn ; 1606, Filhozat ; 1618, Louis Petit ; 1621, Chastel ; 1623, Jean Day ; 1625, Pierre Chevalier ; 1636, Gilbert Varin ; 1640, Pierre Courtois ; 1640, Pierre Varin ; 1641, Gilbert Brung ; 1644, Maurice Martin ; 1649, Gilbert Bonnichon ; 1653, Jean Varin le jeune ; 1663, Antoine Brung ; 1664, Paschal Delalot ; 1678, Toussaint Varin ; 1683, Gilbert Bertrand ; 1693, Genyn ; 1695, Delalot ; 1713, Delalot ; 1723, Delalot ; 1770, Bertholet ; 1785, Aufauvre ; 1792, Aufauvre ; 1830, Claustre.

CHAPITRE II

La Paroisse

§ 1er. — Origine de la Paroisse. — Son Patron

Le 24 mai 1158, par une bulle adressée à Gaufrède (Geoffroy), prévôt de Saint-Pierre et Saint-Paul d'Evaux, le pape Adrien IV confirme le monastère d'Evaux dans la possession de ses biens compris dans l'évêché de Limoges, dans l'archevêché de Bourges et dans l'évêché de Clermont.

Or, parmi les paroisses ou églises dépendant de l'archevêché de Bourges se trouve : *ecclesiam sancti Aniani de Belna.* (Extrait du *Bullaire d'Auvergne,* par l'abbé Chaix.)

M. le chanoine Moret, dans ses *Paroisses bourbonnaises,* tome 1er, page 34, dit *capella de Belna,* de l'archiprêtré de Montluçon et de l'archidiaconé de Narzenne, alias Néris : Beaulne, Belna (1394) ; vocable, saint Agnan, évêque ; patron, l'archevêque de Bourges.

Beaune avait un prieuré dépendant de la prévôté d'Evaux. Le prieuré et cure de Beaulne, tenu en commende de la prévôté d'Evaux, est possédé par Mre Gilbert Le Bel de Bellechassagne, doyen de l'église collégiale de Saint-Nicolas de Montluçon, et vaut 140 livres. (Nicolas de Nicolay, *Génerale Description du Bourbonnais.*)

A quelle date, comment et pourquoi saint Agnan, évêque d'Orléans, a-t-il été choisi comme patron de l'église de Beaune ? Nous n'avons aucun document écrit sur cette question de nos origines religieuses. Mais l'étude de l'histoire et de la formation de nos paroisses en France nous permet des conjectures très sérieuses sur ce sujet, et même des conclusions fort probantes.

L'histoire, en effet, nous montre que, lorsqu'une église se fondait dans une région, il était d'usage presque général de prendre, pour patron de la nouvelle église, le personnage de l'époque le plus marquant, le plus illustre, celui qui avait, par sa renommée de science, de courage et de piété, la confiance et l'estime des populations. A plus forte raison, devait-on choisir celui que l'on connaissait le mieux. Il a dû en être ainsi pour saint Agnan.

Quand l'illustre évêque d'Orléans partit pour Arles, demander du secours à Aétius, chef de l'armée romaine, afin de s'opposer à l'invasion d'Attila qui ravageait les Gaules, il traversa le Bourbonnais et, d'après la tradition locale, fit étape sur le territoire de Beaune, près de la voie romaine qui va de Chantelle à Néris et qui passe au bourg de Beaune. La région était une forêt, fraîche et silencieuse, très favorable au repos et à la prière. Il est probable que saint Agnan, tout en se reposant dans ce pays agréable, ne perdit pas son temps pendant son court séjour. Il évangélisa notre petite bourgade, et nos populations, qui étaient sous l'impression des premières prédications de l'Evangile, furent vite gagnées par la parole et l'exemple du grand évêque. Ce fut sous son inspiration qu'elles élevèrent, alors, en témoignage de reconnaissance, un modeste sanctuaire portant son nom, sanctuaire qui fut remplacé, vers la fin du onzième siècle, par notre belle église actuelle.

A noter qu'à deux pas du bourg, il existe une fontaine, dite de saint Agnan, dont les eaux ont la vertu de guérir les maladies des yeux et à laquelle, autrefois, toute la population allait en procession, le jour de la Saint-Agnan, fête patronale, le 17 novembre.

§ 2. — L'Eglise

Certains caractères que nous relèverons, au cours de la description de l'édifice, nous permettent de placer la date approximative de sa fondation vers la fin du onzième siècle. Elle appartiendrait donc à cette série de nos jolies églises d'Auvergne, qui furent bâties toutes à peu près sur le même patron, vers l'an 1100 (Viollet-le-Duc).

Il nous reste de cette époque trois travées de la nef et le clocher. C'est très certainement par cette partie de l'édifice que la construction débuta, suivant ainsi la coutume romane, contrairement à ce qui devait se faire plus tard pour les églises gothiques, où le chœur était toujours la première partie construite.

La base du clocher repose sur les quatre piliers du transept, lourds, épais, aux chapiteaux grossièrement sculptés. La portion de voûte circonscrite par la travée affecte la forme d'une coupole reposant, non sur pendentifs, mais sur quatre trompillons en forme de cônes, disposés aux angles. Le détail de construction est très intéressant à remarquer, car il rend notre petite église de campagne contemporaine et proche parente de l'église d'Issoire, un des spécimens les plus curieux du style roman auvergnat.

Au-dessus de la voûte, le clocher est constitué par une base carrée formant trois étages séparés par deux moulures transversales. Quatre colonnes à chapiteaux contournent les quatre angles de la partie inférieure de cette base. La partie supérieure seule possède, sur chacune de ses quatre faces, deux fenêtres géminées. La courbure des arcs de ces fenêtres est en plein cintre; chacune est surmontée d'un bandeau à billettes formant un couronnement très gracieux.

L'étage se termine par une rangée de corbeaux taillés simplement et supportant une légère corniche. Sur cette base s'appuie une pyramide inversée dont le but est de dédoubler les côtés et d'amincir la construction. Au-dessus, un seul étage octogonal présentant une fenêtre sur chacune de ses faces. Enfin, recouvrant le tout, une coupole octogonale, en forme de casque, sur laquelle s'élève un léger campanile, accentue encore l'extérieur un peu massif du monument.

Le corps de l'église se compose de cinq travées, dont celle du transept. Il existe deux passages latéraux bordant la nef centrale, assez étroite, puisque, dans sa plus grande largeur, l'église ne mesure que onze mètres de l'un à l'autre de ses murs de soutien. La longueur totale, depuis la porte principale jusqu'à la marche du chœur, est de vingt-cinq mètres. Cette exiguïté de l'édifice est encore augmentée par les piliers, énormes blocs de maçonnerie, portant en saillant de grosses colonnes à chapiteaux. On comprend aisément, en examinant la voûte, le sentiment d'écrasement qui semble peser sur tout l'édifice, bien que les chapiteaux sur lesquels reposent les arcs des travées, en forme de culs-de-lampe, dégagent cette lourdeur en l'atténuant.

La voûte, à forme légèrement ogivale, mesure plus de 1m50 d'épaisseur. Des arcs doubleaux viennent renforcer à chaque travée l'appareil de soutien. Les deux premiers (coupole) sont en plein cintre, les autres sont des arcs brisés. Le sol de la nef est pavé de vieilles dalles qui n'offrent rien de remarquable. Presque toutes recouvrent les restes des notables anciens de la paroisse qui se faisaient inhumer dans l'église. A remarquer, au fond de l'édifice, un vieux bénitier en pierre, contemporain de la partie du monument que nous venons de décrire. Il est de forme octogonale et porte, sur un de ses côtés, un large écusson complètement effacé.

Disons un mot des cloches, avant de passer à la partie nouvelle de l'église et aux constructions et restaurations qu'elle a subies dans le cours des âges.

Le beffroi renfermait deux cloches, au sujet desquelles nous trouvons, dans les registres paroissiaux, les notes suivantes :

1525. — « La plus petite cloche a esté faicte en 1525. Le parrain, Gilbert Boyrat ; la marraine, Gilberte Denis. »

1625. — La deuxième cloche, dédiée à la Sainte Vierge et à saint Roch, est de l'année 1625. « Le 18 aoust 1749, cette cloche a esté refondue et bénite, le 13 septembre mesme année 1749. Parain, Nicolas de la Mousse, seigneur de la Faye. »

Voici les inscriptions tracées sur les deux cloches actuelles :

1° Grosse cloche : « Que le saint nom de Dieu soit bénit ! L'an 1816, j'ai été bénite par M. Jean-Baptiste Caillot, sous l'invocation de saint Agnan, mon Patron. Mon parrain a été M. L.-H.-Edouard de Collasson, et ma marraine, damoiselle J.-M.-N.-Amélie de Montaignac.

« M. Alexandre de Collasson des Guilhaumets, maire et propriétaire. M. Edouard de Collasson, adjoint et propriétaire.

« Joseph et Pierre Baudoin m'ont faite. »

2° Petite cloche : « Bénie sous l'invocation de la Sainte Vierge, par M. Caillot. Fondue sous la mairie de M. Alexandre de Collasson. Le parrain, Jacques-Jean Laporte ; la marraine, Mlle Antoinette-Ursule Bertholet. L'an 1828. Cornevin, fondeur. »

Les premiers témoignages écrits, relatifs à l'entretien, restauration, agrandissement de l'église remontent à 1519. C'est un acte de fondation faite par « Messires Jehan et Loys du Boys, escuyers, seigneurs de Bostangeas, paroisse de Deneuille, près Villefranche, tous les deux nepveux de vénérable frère Blaise du Boys, prieur curé de Beaulne », lesquels constituent une rente pour des messes et des prières qui doivent être dites dans la chapelle de Notre-Dame de Pitié, Saint-Roch et Sainte-Catherine, « laquelle chapelle ils ont reconstruite et réédifiée à leurs frais ».

Cette chapelle latérale est devenue, plus tard, la chapelle des prieurs et se trouve être maintenant la chapelle de la Sainte-Vierge, datant, par conséquent, du commencement du seizième siècle.

Nous avons encore un autre document du même genre qui nous fixe à peu près sur la date de la construction de l'autre chapelle latérale, qui fait pendant à la première et qu'on appelle la chapelle de Sallebrune. On y trouve le tombeau et les armoiries des seigneurs de Sallebrune, les de Beaucaire, les de Bressolles, les des Bouys, etc.

Par une fondation faite en 1524, messire Pierre de Poynat, prêtre communaliste de Beaune, archiprêtre de Montluçon, donne au prieur et aux sieurs communalistes de l'église Saint-Agnan de Beaune une somme de cent sols tournois pour édifier, dans le cimetière de Beaune, joignant à l'église, « un appendys » *(sic)* et y faire un « revestouer » qui sera pour « mectre et garder les abilhements et les dictes choses de la dicte église et ce joignant la chapelle de Monsieur le prieur de Sallebrune, frère Antoine de Beauquaire, prieur de Chantenay ».

D'où l'on voit que la chapelle de Sallebrune est à peu près de la même époque que celle de la Sainte-Vierge, dont les détails d'architecture et le plan sont identiques. Le dit « revestouer », construit aux frais de messire Pierre de Poynat, est maintenant la chapelle et grotte de Notre-Dame de Lourdes.

Plus tard, des travaux importants furent exécutés dans l'église, à des dates différentes.

En 1870, sous l'habile et artistique direction de M. Halouis, architecte à Montluçon, le chœur de notre vieille église fut refait. Primitivement, il consistait en une simple petite chapelle basse taillée en demi-cercle dans le prolongement de la travée du clocher. A sa place, et dans toute la largeur de l'église, on édifia une magnifique abside rayonnante, à laquelle on accède par les passages latéraux de la nef qui se prolongent. Trois chapelles romanes, bien éclairées, projettent la lumière dans le chœur spacieux, avec sa voûte en demi-coupole, supportée par six colonnes légères. Le tout forme un ensemble vraiment gracieux qui donne à l'église un air de cathédrale.

Je n'en dirai pas autant de l'autre agrandissement qui se fit en 1888. On éprouva alors le besoin, je ne sais pourquoi, d'ajouter une travée, et de refaire la façade principale qui, probablement, était en mauvais état, et tout cela en un style disparate. Sur la nouvelle travée on jeta un plancher de tribune avec poutrelles en fer formant un plafond de fort mauvais goût. Il est vrai que le monument gagna en longueur ce qu'il perdit en beauté artistique.

§ III. — *Prieurs-curés de Beaune.*

Nos registres paroissiaux ne remontent qu'à 1633. Les noms des premiers prieurs de Beaune ne nous sont connus que par quelques rares documents : fondations, reconnaissances de rentes et cens qui ont survécu et échappé au gaspillage et à l'incendie et sont conservés dans les archives paroissiales. Voici la liste des noms que nous avons eu la bonne fortune de découvrir :

I. 1441 : Frère Jacques de Sovade, prieur-curé de Beaune, reçoit de Jean des Mollins, seigneur de Villards, à cause de son prieuré de Beaune, trois quartons seigle mesure Montmaraud de cens ou rentes sur les prés et terres que Jean Rocherolle tient et porte dudit Jean des Mollins, au mas franc assis en la paroisse de Beaune (reconnaissance passée devant frère Day et signée Chanier, notaire, le 27 novembre 1441.)

II. — 1476 : Blaise du Boys, religieux de la Congrégation de Saint-Augustin, prieur-curé de la paroisse

Saint-Agnan de Beaune. Son neveu Jehan du Boys, écuyer, seigneur de Bostangeas, paroisse de Deneuille, près Villefranche, fait, en 1519, une fondation de 102 livres tournois à l'église de Beaune pour une messe être dite chaque dimanche à l'autel de Notre-Dame de Pitié, Saint-Roch et Madame Sainte-Catherine, vierge et martyre. Plus une fondation à la même église de 80 livres, pour les vigiles des Trépassés.

Blaise du Boys, en 1519, ci-devant prieur-curé et, à présent, pensionnaire dudit prieuré, fait, en 1521, une fondation de 30 livres : 1° pour un *Stabat mater* qui devait être chanté chaque vendredi, après le service ou messe chantée fondé, chaque vendredi de l'année, pour ses neveux Jehan et Loys du Boys, écuyers, seigneurs de Bostangeas, moyennant la somme de 80 livres tournois; 2° pour un *Salve regina* chaque dimanche.

En 1526, le 18 mars : autre fondation faite par Blaise du Boys, de la somme de 100 livres tournois pour une messe à dire tous les mercredis de l'année, en la chapelle de Sainte-Catherine et à laquelle messe assisteront tous les prêtres communalistes de Beaune en surplis et chapperon *(sic)*.

Il est dit dans cet acte que Blaise du Boys a été prieur de Beaune pendant plus de cinquante ans et qu'il fait cette fondation pour décharger et rassurer sa conscience, craignant de ne pas s'être acquitté dignement envers Dieu, la sainte Eglise et ses paroissiens tant vivants que trépassés.

1527, 26 décembre : autre fondation par Blaise du Boys de la somme de 25 livres, plus 10 livres pour diacre et sous-diacre, afin de célébrer chaque dimanche une messe chantée dans l'église paroissiale de Beaune, en la chapelle et autel dédiés à sainte Catherine, vierge et martyre, et saint Roch, laquelle chapelle a été édifiée par ses neveux Jehan et Loys et restaurée à neuf par ledit prieur-curé Blaise du Boys.

1531, 22 avril : autre fondation d'une somme de 160 livres faite aux prieur et communalistes de Beaune pour les vêpres et complies du dimanche, vigile et fête de sainte Catherine. Ces 160 livres seront attribuées aux prieur et communalistes, selon la teneur et la forme des lois de fondation de la dite communauté décrétée par le révérend père en Dieu Mgr le prévôt religieux ès couvent d'Yvoux (Evaux).

III. — 1526 : Claude du Boys, neveu de Blaise du Boys, prieur-curé commendataire de l'église paroissiale de Saint-Agnan de Beaune, désigné par une fondation faite en 1538 comme protonotaire du siège apostolique.

IV. — 1532 : François Bonnet, communaliste de Beaune, désigné comme prieur-curé de la paroisse dans un acte de fondation faite à l'église de Beaune, le 30 juillet 1532. (Fondation Pierre du Poynat.)

V. — 1553 : Jehan Lemot, prieur-curé de Beaune. Il payait des cens au prieur de Colombier pour une terre située au Mazeau, au terroux des Gouttes (paroisse de Beaune), qu'il avait achetée de Laurent Guilhomin l'aîné, frère de feu François, dudit lieu du Mazeau, paroisse de Beaune.

VI. — 1555 : Anthoine Saulvaige, prêtre, prieur de Beaune. Le 9 mai 1568, tant en son nom qu'au nom des communalistes Claude Guilhomet, François Jacques et Jehan Durin, il afferma à Martin Bertholet, de Louroux-de-Beaune, un pré, moyennant 50 sols de cens.

VII. — 1617 : Gilbert Boyrat, prieur-curé, démissionnaire vers 1638. Il est toujours vivant le 19 août 1642, date où on le trouve comme parrain, avec Louise Crouzon comme marraine.

VIII. — 1640 : Blaise Crouzon, prieur-curé, a été inhumé, le 17 mai 1668, dans l'église Saint-Agnan de Beaune. « Il était décédé, la nuit du 15 au 16, environ les minuit, après avoir reçu les sacrements d'Eucharistie et Extrême Onction. En présence de MM. Blaise Durin, prêtre et communaliste dudit Beaune, estant de présent vicaire à Saint-Bonnet-de-Fours ; de Louis Varin, prêtre habitué dans l'église de Beaune ; Me Pierre Johanin, aussy prêtre communaliste de Saint-Bonnet de-Fours, et plusieurs autres. »

IX. — 1669 : Martin Pommier, sieur de Barbaste, prieur curé, docteur en théologie, ancien curé de Montmaraud. C'est probablement lui dont le curé Josset fait le portrait moral dans le *Vieux Carnet*, publié par M. Claudon : « *Antea jesuita, homo sublimis scientiæ sed minimæ devotionis, nullo modo curæ animarum exercendæ idoneus erat.* »

X. — 1673 : Joachim-Paul Le Terrier, prieur-curé, docteur en théologie, décédé le 23 août 1684 et inhumé le 24 en l'église de Beaune. « En présence de Me François de la Mousse, chanoine de l'église collégiale d'Hérisson, de Me Gilbert Perethon, aussi chanoine de l'église collégiale de Saint-Nicolas de Montluçon ; de Me Antoine de Laval, communaliste de Notre-Dame de Montaigut, et autres prêtres et curés circonvoisins, ainsi qu'il en a été rapporté par le sieur de Laval et Monsieur de la Mousse, seigneur de

Beaune, qui ont signé avec moi, archiprêtre de Montluçon et curé de Notre-Dame. Signé : Thoret.. »

XI. — 1685 : Brung, prieur-curé. Nous le trouvons curé de Target en 1702.

XII. — 1687 : Gilbert Perethon, prieur-curé, chanoine de Saint-Nicolas de Montluçon.

XIII. — 1689 : Antoine-François Marès, chanoine régulier de l'ordre de Saint-Augustin.

XIV. — 1694 : Daneau, prieur-curé.

XV. — 1697 : de Boisguéret, prieur-curé.

XVI. — 1698 : François Gauriat, prieur-curé, docteur en Sorbonne, mort et inhumé à Beaune, le 10 décembre 1724, âgé d'environ 79 ans. « En présence de Mr Antoine Siramy, curé de Louroux-de-Beaune, et de messire Louis Tailhardat, prêtre et curé d'Idz. »

XVII. — 1725 : Jean Saublet, prieur-curé, docteur en théologie. Il signe « prieur-curé de Beaune et Fleuriel » sur une reconnaissance de cens dus par les seigneurs du Mazeau au prieur de Beaune, le 12 décembre 1727.

XVIII. — 1728 : Coquerel, prieur-curé, chanoine régulier de Saint-Augustin, décédé le 28 mars 1735, âgé de cinquante ans, muni des sacrements et inhumé dans l'église paroissiale de Beaune. « En présence de François Mallat, prêtre, curé de Monestier; Bichard, curé de Saint-Bonnet-de-Fours ; Tailhardat, curé d'Idz ; Berthet, curé de Montvicq ; Bertrand, curé de Colombier; Gros, curé de Blomard ; Charpentier, curé de Chantelle ; Barbaudière, curé de Saint-Marcel-en-Murat. »

XIX. — 1735 : Jean-Baptiste Bogne, prieur-curé, chanoine régulier de l'ordre de Saint-Augustin, congrégation de France. Il était vicaire de la cure de Saint-Nicolas de Chantelle, en 1732, lorsque frère Jean-François Douynat, chanoine régulier de l'ordre de Saint-Augustin, prieur-curé de la paroisse régulière de Saint-Nicolas de la ville de Chantelle, adressa une requête au Souverain Pontife pour résigner sa cure en faveur de son vicaire Jean-Baptiste Bogne. La supplique fut contresignée par « les notaires royaux apostoliques Duteil et Artaud ; visée et approuvée par Gabriel Morain, sieur de la Chaume, conseiller du roi, châtelain, juge civil et criminel, lieutenant particulier, assesseur et commissaire exa minateur en la châtellenie royale de Chantelle-le-Château en Bourbonnais, diocèse de Bourges. »

La supplique fut agréée par le souverain pontife, et Mgr de la Rochefoucaud, patriarche archevêque de Bourges, primat des Aquitaines, nomme Jean Baptiste Bogne, prieur-curé de l'église Saint-Nicolas, de Chantelle, dont il prit possession en grand apparat le lundi 20 avril 1733, assisté par le Très Révérend Père René-Olivier Pigoust, prêtre, chanoine régulier de la Congrégation de France, prieur de l'abbaye de Notre-Dame de Bourg-Moyez de la ville de Blois et visiteur de son ordre dans la province d'Aquitaine, même congrégation. En présence de Charpentier ; Jean-François Mallat, prieur de Mones tier ; Jacques-François Boulanger, prieur-curé de Target ; Rouher, prieur-curé de Chezelles ; Jean-François Guilloux, Beauregard, Choquet de Vrigny, Desternes, Lartaud, Morand, Louis Forestier, sacristain ; Artaud et Duteil, notaires royaux apostoliques.

Son ministère à Chantelle fut de courte durée, et, en

1735, il fut nommé prieur-curé de l'église Saint-Agnan de Beaune.

Avec le même cérémonial qu'à Chantelle, il prit possession « d'icelle cure », le 26 mars 1735, assisté de Messire Gilbert Genin, prieur-curé de Vernusse. En présence du R. P. Bernardin de Montaigut, capucin ; Jean Aumaistre, sergent royal ; Jacques Mesthénier, marchand, tous habitants de la paroisse de Beaune ; Antoine Jouanin, sacristain de la dite église, et Louis Forestier, sacristain de l'église de Chantelle.

Il mourut à l'âge de 80 ans et fut inhumé, le 2 octobre 1780, dans le cimetière de Beaune, proche le sanctuaire. En présence de MM. Aupetit-Durand, vice-archiprêtre de Montluçon, et curé d'Idz ; Messire Chacaton de Virlobier, curé de Saint-Bonnet-de-Four ; Me Dufour, curé de Blomard ; Moncelon, curé de Sazeret ; et Labbaye, curé de Vernusse.

XX. — 1781 : Legillon d'Hagrinsart, prieur-curé.

XXI. — 1785 : Guillaume Lafont, prieur-curé, chanoine régulier de la Congrégation de France. L'histoire locale nous raconte que, le 7 novembre 1792, jour de foire à Montmaraud, il fit une scène terrible au bureau du district, en se plaignant que l'on n'avait pas payé son trimestre d'avance. C'était, dit-on, un homme bouillant et fougueux.

XXII. — 1795 : Jean-Baptiste Caillot, curé.

Il était originaire de Louroux-de-Beaune, d'une famille très considérée et estimée dans le pays où elle compte toujours des représentants. Pendant la tourmente révolutionnaire, il s'était retiré dans sa famille, d'où il exerça discrètement son ministère dans les paroisses de Louroux, Hyds et Beaune.

Le 29 octobre 1800, il est curé de Reugny.

Il est desservant de Beaune à la fin de 1800 et en 1801, 1802 et 1803. Une pétition des habitants de Beaune demanda pour pasteur à l'évêque de Clermont, Jean-Baptiste Caillot, ancien curé de Reugny, « qui dessert leur commune depuis huit ans, et s'est concilié, par ses vertus morales et chrétiennes, l'estime, le respect et la confiance générale ».

La pétition est datée du 24 avril 1803. Jean-Baptiste Caillot fut nommé curé de Beaune, y mourut et fut inhumé dans le cimetière le 23 octobre 1830.

XXIII. — 1830 : Bonaventure Peigue, curé.

Menant une vie austère et consacrée au travail intellectuel, il étudiait de front toutes les sciences ecclésiastques auxquelles il ajoutait l'histoire, les mathématiques et la langue anglaise. D'après les pages qu'il a laissées, il donne l'impression d'un penseur et d'un fin lettré. Les anciens gardent le souvenir de sa parole et de son éloquence vive, colorée et pénétrante. Il avait prédit dans sa correspondance et déploré la chute de Lamennais. Mais, croyant un peu trop au progrès de l'humanité et de la civilisation, il jugeait la guerre désormais impossible. En ce point, il a été moins bon prophète. Le conflit sanglant de 1914 l'aurait singulièrement et tristement désillusionné.

XXIV. — 1876 : Duballet, curé.

XXV. — 1883 : Antoine Mathieu, curé, né à Saint-Bonnet-de-Rochefort, en 1852 ; curé de Beaune, de Doyet, de Commentry, chanoine honoraire, retiré à Gannat, en 1921.

XXVI. — 1886 : Henri Labrune, curé de Beaune

de 1886 à 1903, puis curé de Monétay-sur-Allier; retiré à Saint-Pourçain-sur-Sioule.

XXVII. — Louis Sarassat, curé. Successivement vicaire à Chantelle en 1886 et à Cusset en 1887; curé de Target en 1892 ; aumônier des Franciscaines de Vichy en 1898; curé de Beaune en février 1904.

§ 4. — Prêtres communalistes et vicaires de Beaune

Sous le nom de communalistes, on désignait autrefois un certain nombre de prêtres qui se formaient en communauté dans une paroisse avec un patrimoine commun. Ils aidaient à faire les offices religieux, à catéchiser les enfants, à exécuter les charges des fondations, tâche à laquelle le prieur seul ne pouvait pas toujours suffire.

Ils étaient, pour la plupart, originaires de la paroisse, appartenaient à des familles honorables et vivaient généralement avec les leurs. Seuls, étaient admis quelques prêtres étrangers que les besoins et les circonstances recommandaient.

Il y eut des abus. Aussi, dans la suite, et, comme le montrera, pour Beaune, une lettre « d'accordance » adressée par le prévôt d'Evaux, sur la requête des communalistes de Saint-Agnan, il fut stipulé expressément que, pour faire partie de cette association, il fallait être né et rené *(renatus,* c'est-à-dire baptisé), dans la paroisse où se trouvait la communauté dont on voulait faire partie, appartenir à une famille honorable et non serve.

La communauté des prêtres communalistes de Beaune fut érigée le 24 juillet 1519; autorisée d'abord par le Saint-Siège apostolique, elle le fut, par l'archevêque de Bourges, le 22 avril 1521.

Il est à présumer qu'il y avait du tirage, quelques difficultés entre les membres de la communauté, puisqu'ils éprouvèrent le besoin de s'adresser au prevôt de la maison d'Evaux, pour lui soumettre la lettre « d'accordance » qui suit et par laquelle étaient fixées et nettement déterminées les conditions d'admission, les fonctions et rétributions.

Voici la teneur de ce document, daté du 15 octobre 1526, écrit en latin et dont je fais un résumé :

Noble et vénérable homme Claude du Boys, clerc, prieur-curé commendataire de l'église paroissiale de Saint-Agnan de Beaune, du diocèse de Bourges, et vénérable et religieux homme Blaise du Boys, de l'ordre de Saint-Augustin, naguère prieur-curé et maintenant pensionnaire du dit prieuré de Beaune, pour eux et leurs successeurs, d'une part ;

Et vénérables hommes : Pierre de Peynat, bachelier en décrets, Jean Berthomier, François Bonnet, Guillaume Durin, Anthoine Fayet, François Alexeline, Jehan Robertin, Anthoine Guilhaumet, Jean des Boutins et Claude Guilhomet, prêtres, nés et renés aux fonts baptismaux de la dite église de Saint-Agnan de Beaune, pour eux et leurs successeurs, prêtres nés et renés en la dite église, d'autre part ;

Considérant que le prieur Claude du Boys est dans l'impossibilité de remplir seul les nombreuses obligations de sa charge, sans avoir recours à d'autres prêtres coadjuteurs,

Que, d'autre part, les susdits prêtres nommés lui ont prêté leur concours, mais que leurs obligations et les émoluments afférents n'ont été ni bien délimités, ni bien définis, et, pour éviter tout litige et toute difficulté à venir,

Ont décidé, d'un commun accord, de se constituer en communauté aux conditions suivantes en la forme et manière qui s'ensuit :

1° Conditions morales. — Ne seront admis dorénavant dans la dite communauté que les prêtres nés et baptisés dans l'église de Beaune, et non pas étrangers. Ils devront appartenir à une famille de condition honorable et non serve. Ils ne devront pas être ordonnés avant l'âge prescrit par le droit. Ils prêteront, entre les mains du prieur ou de son vicaire, le serment d'observer les droits et les règles de la communauté.

2° Conditions matérielles. — Quand l'élu dira son premier évangile, il sera tenu de donner au prieur, au vicaire et aux prêtres communalistes un dîner convenable. Il en sera de même, le jour de sa première messe. Il donnera vingt sols tournois au prieur pour le droit d'offrande à sa première messe. Sa première messe dite, le nouveau prêtre fera célébrer un service solennel pour les défunts par le prieur, le sous-prieur, le vicaire et les prêtres de la communauté d'alors. Il donnera à chacun deux sols et six deniers et un repas convenable. Le jour de sa réception dans la communauté, il donnera cent sols tournois une fois pour toutes. La dite somme servira aux besoins de la dite communauté. Au bout d'un an, qui sera compté du jour de sa première messe, il aura part à tous les fruits et revenus de la communauté de la manière qui s'ensuit : si le prieur réside dans la paroisse, il aura droit à deux parts ; s'il ne réside pas, le dit prieur n'aura qu'une part, le vicaire ou *socius* aura l'autre part. Si le prieur a plusieurs vicaires pris dans la communauté, chaque vicaire n'aura droit qu'à la part qui lui était attribuée avant qu'il fût vicaire.

3° Règlement de la communauté. — Le prieur, son *socius*, son vicaire et les prêtres de la communauté se réuniront au son de la cloche pour délibérer et traiter des affaires de la dite communauté. Si le prieur est absent, c'est le vicaire qui le remplace et a, comme le prieur, voix prépondérante au chapitre.

On donnera lecture à l'assemblée, des fondations, des donations, des messes à dire, des obits, chants, prières et autres exercices du culte. Les communalistes seront tenus de célébrer et dire les messes paroissiales et les autres offices, savoir : matines, vêpres, tant des dimanches que des autres jours de fêtes quelconques, soit dans l'église, soit en dehors de l'église ; chanter *Libera*, *Salve*, *Stabat*, etc., et toutes prières prescrites pour les fondations établies en la dite église.

Quand l'archevêque de Bourges ou son vicaire général

délégué visitera la paroisse, le prieur devra faire et solder les frais de réception. Les prêtres communalistes ne devront pas dépasser le nombre de dix comme membres de la communauté.

Signé : Aubert (avec paraphe).

Contresigné par : Piccard.

Voici la liste — forcément incomplète — des prêtres communalistes dont j'ai pu relever les noms dans ce qui reste des archives paroissiales :

1514. François Alababet.

1525. Pierre de Peynat, bachelier en décret, archiprêtre de Montluçon ; Anthoine Fayet, Anthoine Guilhomet, Nicolas Augot, Nicolas Guérin, Me Jean Chardonnet.

1526. Jean Berthomier, François Bonnet, Guillaume Durin, Antoine Fayet, François Alexeline, Jean Robertin, Antoine Guilhaumet, Jean des Boutins, Claude Guilhomet.

1529. Mathieu Fayet.

1531. François Florichon.

1551. François Florichon, vicaire de Me le prieur.

1553. Jehan Pinel, Guillaume Saulvaige.

1560. Claude Guilhomet, Jean Pinel, Anthoine Saulvaige, Claude Durin, François Jacques.

1569. Claude Guilhomet, Anthoine Saulvaige, François Jacques, Pierre Lurat, Jehan Durin, Gilbert Saulvaige, Philippe Glomardon, Blaise Durin, Charles de la Jarrège, Anthoine Chardon.

1621. Estienne Ferrier, vicaire du prieur, procureur et notaire-juré ; Blaise Durin, Charles de la Jarrège.

1623. Martin Petit.

1678. Anthoine Chardon.

1679. Le 30 avril, a été reçu communaliste Messire François de la Mousse, prêtre, chanoine de Saint-Sauveur d'Hérisson, fils de Messire Gilbert de la Mousse, chevalier, seigneur de Beaune, la Moutière, etc., et de Catherine de Guines ; après avoir prêté serment et juré d'exécuter et observer les statuts de la susdite communauté érigée en la susdite église de Beaune, le vingt-quatrième jour de juillet de l'an de N.-S. mil cinq cent dix-neuf et confirmée par autorité du Saint-Siège et homologuée par Mgr l'archevêque de Bourges, le vingt-deuxième jour d'avril mil cinq cent vingt et un ; ce qu'il a juré sur les saints Evangiles, ayant satisfait aux conditions précédentes requises par les statuts. En présence de Gilbert Bramat, Gilbert Echégut, Charles Durin et plusieurs autres soussignés.

A partir de cette époque, il n'est plus trace, dans nos archives, des communalistes de Saint-Agnan de Beaune. Il est probable que la dite communauté cessa d'exister. Elle avait duré environ cent cinquante ans.

*
* *

Liste des vicaires de Beaune :

1609, Estienne Ferrier ; 1626, François Dumoncel ; 1633-37, Brun ; 1635-43, Bonnet ; 1645-68, Annet Eynoux ; 1645-47, Thomas ; 1650-52, Johanin ; 1653 54, Amblard ; 1668-70, Deffontys ; 1669-71, Louis Varin ; 1679-80, Charbonnier ; 1683-85, Debesson ; 1686, Oyseault ; 1686-88, André ; 1690, Aubergier ; 1691-92, Conchon ; 1693, Mallot ; 1694-1705, Delaguet ; 1705, Aucopt ; 1705-06, Coulom ; 1706-08, Dureuille ; 1707-08, Berchon ; 1708-09, Gaston ; 1709,

Pinthon ; 1709, Esterlin, chanoine régulier ; 1710, Voulier ; 1710-13, Puechverny ; 1713, Rochefort ; 1714, Velléguier ; 1714-16, Arnault ; 1716-20, Lavedrine ; 1720-23, Gilbert ; 1723, Billaud ; 1723-24, Berthet ; 1724-25, Gayon ; 1727-32, Genyn ; 1733, Bredet ; 1734-35, de Barbaudière ; 1735-36, Panisset ; 1737, Roux ; 1738-40, Tourret ; 1740, Joseph de la Mousse ; 1741, Loysellier ; 1742-43, Garreau de Faye ; 1744, Piéry ; 1751-52, Ferrand ; 1752-54, Gataud ; 1754-55, Péronny ; 1756 58, Pagès ; 1758-59, Clivot ; 1759-63, Maignol ; 1763-65, Roux ; 1765-66, Dubouys ; 1767-68, Becquas-Desgagère ; 1768-71, Mazerolle ; 1771-74, Desvaux ; 1774-76, Pautut ; 1776-77, Servagnat ; 1778-79, Thévenet ; 1779-82, Rolland ; 1782, Morel ; 1783-85, Bonneton ; 1785-91, Charbonnel ; pas de vicaires jusqu'en 1870 ; 1870-76, Duballet ; 1892-93, Edmond Gravlo ; 1893-97, Chanudet ; 1897, Migat ; 1898-1901, Jorand ; 1901-1903, Montmain.

§ 5. — Chapelle et hôpital de Saint-Jean d'Augières

Avant de parler de l'existence de la chapelle et de l'hôpital de Saint-Jean d'Augières, situés sur la paroisse de Beaune, et qui relevaient de l'Ordre de Saint-Jean de Jérusalem, il est peut-être bon de donner quelques notes préliminaires sur cet Ordre lui-même.

Ce fut Charles-Quint qui, en 1530, donna l'île de Malte aux chevaliers de l'Ordre de Saint-Jean. Cet ordre doit son origine aux Croisades. Il fut fondé au commencement du douzième siècle par Gérard, de Provence, dans le but d'accueillir et de protéger les pèlerins et croisés qui arrivaient en Terre Sainte et de faire à Jérusalem le service des hôpitaux. De là, d'abord, leurs noms de Frères hospitaliers de Saint-Jean de Jérusalem. Bientôt, ils se vouèrent à combattre les infidèles et, alors, on vit l'Ordre s'accroître d'une foule de gentilshommes renommés. Ils s'emparèrent, en 1330, de l'île de Rhodes, la fortifièrent et protégèrent, dans la Méditerranée, le commerce des peuples chrétiens. Ils prirent de là le nom de chevaliers de Rhodes.

Ils conservèrent l'île pendant deux siècles, puis en furent dépossédés par Soliman II, qui s'en empara après un siège de deux ans au cours duquel il perdit 180.000 soldats. Le Grand Maître de l'Ordre était alors Villiers de l'Isle-Adam, gentilhomme français, qui eut la joie de le voir reconstitué à Malte. Les membres prirent alors le nom de chevaliers de Malte et continuèrent le but primitif : défendre la Terre Sainte et le commerce des chrétiens contre les infidèles. Les cadets des plus grandes familles de l'Europe étaient fiers d'être admis dans l'Ordre de Malte, auquel la France eut l'honneur de fournir un certain nombre de Grands Maîtres, dont les plus marquants furent : Pierre d'Aubusson, Villiers de l'Isle-Adam et Pariset de Lavalette.

J'emprunte les lignes qui suivent à une obligeante communication de l'érudit M. Philippe Tiersonnier, très documenté sur ce qui concerne l'histoire des Chevaliers de Malte :

« A la fin du dix-huitième siècle, si l'Ordre des Chevaliers de Malte avait subi un certain affaiblissement, comme la plupart des ordres religieux de toute sorte, il était loin d'être dans le relâchement que lui prêtent plusieurs historiens, et, jusqu'au dernier jour de sa possession de Malte, il a fait la police de la Méditerranée contre les pirates barbaresques, exercé les œuvres d'hospitalité et de charité, portant des secours à tous les malheureux, notamment, en 1787, lors d'un tremblement de terre en Sicile, où une escadre de vaisseaux de la Religion, commandée par des chevaliers français, fut la première à apporter des secours en argent, vêtements, équipements, etc. L'île de Malte fut prise par Bonaparte, le 9 juin 1798. Cette prise était un coup préparé soigneusement par le Directoire, qui avait eu soin d'envoyer des émissaires plusieurs années à l'avance pour semer à Malte les idées révolutionnaires.

« La faiblesse du Grand Maître, l'Allemand Hompesch, fut cause de la prise de l'île qui n'eut lieu que par les intelligences que l'armée de Bonaparte avait dans la place ; d'où la parole de Caffarelli visitant les fortifications et disant : « Il est bien heureux qu'il se « soit trouvé là-dedans quelqu'un pour nous en « ouvrir les portes. »

« L'Ordre fut spolié par la prise de Malte, mais non détruit. Il a continué d'exister, il existe encore. Son Grand Maître est actuellement un Tyrolien, le Grand Maître de Thun et Hohenstein. L'Ordre compte actuellement environ trois cents membres religieux, jouissant de commanderies situées en Lombardo-Vénétie, Autriche, Hongrie, Pologne, Silésie, Allemagne.

« Il compte plus de trois mille membres d'honneur et de dévotion contribuant aux œuvres hospitalières de l'Ordre. Dans les pays où l'Ordre a été dépouillé de ses biens par la Révolution, les membres d'honneur et de dévotion sont groupés en associations nationales. Il en est ainsi en France, Hollande, Angleterre, Espagne, Portugal, partie du royaume d'Italie, Allemagne, etc. L'Ordre entretient un hôpital à Tantur, entre Jérusalem et Bethléem ; des hôpitaux, dans les divers pays cités plus haut.

« Pendant la dernière guerre, les diverses associations se sont occupées des soins aux blessés. L'Ordre a envoyé sur le front français un train sanitaire qui était un modèle du genre. L'association française a entretenu une ambulance pour grands blessés, de soixante lits. L'administrateur était notre compatriote Charles de Charette de la Contrie, chevalier d'honneur et de dévotion. Le chef du service sanitaire était l'illustre docteur Récamier, donat d'honneur et de dévotion de 1re classe.

« L'association française compte actuellement plus de cent membres. Son président est le comte de Bonneval, bailli grand'croix d'honneur et de dévotion. Plusieurs Bourbonnais font partie de l'association française, tels : Charles de Charette, le baron de Trétaigne, le baron Jean de Trétaigne, son fils, l'abbé Bujon, M. Maurice de Chacaton, le comte de Chabrol, M. Robert du Corail, M. Philippe Tiersonnier, etc.

« L'association entretient la chapelle de saint Jean-Baptiste dans la basilique de Montmartre, un dispensaire près de cette église, une salle d'asile pour les pèlerins pauvres, à Lourdes, ouverte pendant le pèlerinage national. Elle a une bibliothèque et des archives.

« L'Ordre, souverain de droit, militaire de tradition, reste ce qu'il fut dès son origine, c'est-à-dire, hospitalier ; et il n'a jamais cessé de l'être, dans la mesure de ses forces et de ses ressources.

« Le siège de l'Ordre est à Rome. Le prince Grand Maître a, à la cour pontificale, le rang de cardinal. Ce sont les chevaliers de Malte qui ont encore, avec les gardes nobles, le privilège de veiller aux portes du Conclave, lors des élections pontificales. Il en fut ainsi, d'ailleurs, pour la récente élection du pape Pie XI. »

L'Ordre des hospitaliers de Saint-Jean de Jérusalem possédait, sur la paroisse de Beaune, dans le territoire relevant du bailliage de Montaigut-les-Combrailles, une annexe du membre de Buxières-Jérusalem ou Buxières-sous-Montaigut, petite paroisse limitrophe du dit Montaigut.

Ce membre dépendait de la commanderie de Lavaufranche, qui relevait elle-même du grand prieuré d'Auvergne.

Cette annexe était située à la queue de l'étang de Rivalais, paroisse de Beaune, et consistait en une chapelle et un hôpital, dont il ne reste aujourd'hui que quelques moellons en grès rouge, taillés. Les autres matériaux ont été enlevés par des particuliers pour leur usage personnel. Un champ porte encore le nom de champ de la Chapelle. Un autre, champ de l'Hôpital. Il y a la terre de Lavaufranche.

La chapelle était sous le vocable de saint Jean. Le commandeur avait droit de faire faire l'office, le jour de saint Jean, et d'y percevoir les oblations et offrandes. On y faisait la procession, tous les ans, le jour de la fête du patron.

Les documents que nous possédons ne nous fournissent ni les dimensions ni l'importance de ces deux établissements. Il est difficile de donner la date exacte de l'érection de la chapelle et de l'hôpital. La première mention que nous en rencontrions figure dans un terrier du 9 juillet 1457, constitué par Pointe, et où l'on trouve différentes reconnaissances de cens et droits dus pour la chapelle et l'hôpital susdits par plusieurs propriétaires.

Un second terrier, rédigé par de la Cour, en février 1548, porte reconnaissance des mêmes cens, que reproduira encore, en décembre 1681, le terrier Babille et Redon.

En 1741, un procès-verbal constate que la chapelle est en ruines depuis plusieurs années.

En 1761, il fut fait un nouveau dénombrement des cens, redevances et droits, à la requête de Frère Jean-Joseph de Meallet de Fargues, chevalier de l'Ordre de Saint-Jean de Jérusalem et commandeur de la commanderie de Lavaufranche et membres en dépendant.

Meallet de Fargues se plaignait de ce que les droits de la dite commanderie avaient été, depuis vingt-cinq ans, négligés, que ceux qui avaient fait les derniers terriers avaient oublié d'insérer et faire reconnaître plusieurs droits qui se trouvaient dans les anciens terriers et que différents particuliers avaient usurpé une partie des dits droits, que d'ailleurs, ils sont refusants de les payer à l'exposant. En conséquence, il prie M. le bailli de Montaigut-les-Combrailles de faire procéder à de nouveaux terriers, tant de la dite commanderie que de tous les membres qui en dépendent.

Pour satisfaire à cette formalité, les propriétaires dont les noms suivent constituèrent à nouveau leurs terriers des cens et droits dus :

1° Jean-Baptiste des Bouis, seigneur de Sallebrune, conseiller du roi, lieutenant particulier en la sénéchaussée du Bourbonnais et siège présidial de Moulins, demeurant en la ville de Moulins, paroisse d'Iseure ;

2° Mᵉ François Aufauvre, notaire royal, demeurant aux Joberts, paroisse de Beaune ;

3° Dame Marie-Charlotte Desbouis, épouse de Mᵉ Nicolas-Antoine Granchier, conseiller du roi, receveur des consignations à Riom ;

4° Charles des Issards, journalier, en service au lieu des Joberts, et Marie Myoux, veuve de François Baislot ;

5° Catherine Chopin, veuve de Jean Bayet, laboureur, demeurant au Bas-du-Four, paroisse de Beaune ;

6° Jean Baratier, fils à feu Gilbert, laboureur aux Bordes, paroisse de Beaune ;

7° Jean et autre Jean Chopin, frères, habitant Leyrier ;

8° Mᵉ Antoine Chaumet, conseiller du roi, receveur des domaines et bois, demeurant au lieu des Guillaumets, paroisse de Beaune ;

9° Charles Martin, laboureur, demeurant au bourg de Beaune ;

10° Gilbert Guilhomet, tuteur des enfants de feu Thomas Fradier, de Poynat ;

11° Pierre Ardoin, mari de Marguerite Ardoin, des Baussins ;

12° Jeanne Gaume, veuve de feu Antoine Ardoin, de Châtelus ;

13° Marie Chanier, veuve de Gilbert Baislot, de la Signole ;

14° Jacques Brunat, du bourg du Pérouze ;

15° Anne Martin et Jean Bisebarre, son mari, du village du Vernet, paroisse du Pérouze ;

16° Patrocle Thévenet, cabaretier à Lorraine, de Beaune ;

17° Jacques Brunat, cabaretier au logis du « Cheval blanc », aux Guillaumais ;

18° Antoine Cluzel fils, héritier de feu Gilbert Cluzel, originaire des Guillaumais, actuellement à Montmaraud ;

portent à cens individuellement ou conjointement plusieurs héritages, terres, prés, bois, pacages, de la contenance approximative de 31 émines, 47 seterées, 90 cartonnées, 13 journaux, qui doivent payer de cens annuel : en froment, 2 quartons ; seigle, 1 setier et 35 quartons ; avoine, 1 émine, 2 setiers et demi, 70 quartons, 2 coupes ; argent, 5 sols 24 deniers ; gélines, 2.

Dans ce travail, nous n'avons relevé que les héritages et terres situés sur la paroisse de Beaune et qui payaient redevances à la chapelle et hôpital d'Augières. Il y avait d'autres paroisses voisines qui payaient une redevance à Augières, sur la collecte générale faite pour le membre de Buxières-Jérusalem [1].

1. Les terriers qui contiennent les reconnaissances de cens faites par les propriétaires précités sont : terrier Pointe, 1459 ; terrier de la Cour, 1548 ; terrier Babille et Redon, 1681 ; terrier Deschaumes, 1739.

CHAPITRE III

Seigneuries et Maisons fortes

La Seigneurie de Villards

La seigneurie de Villards, paroisse de Beaune, est située au sud-ouest de la paroisse, à trois kilomètres environ du bourg. Elle comprenait le castel fort, trois domaines et le bois appelé bois de Villards. Elle était limitée : au nord, par le ruisseau de la Regière, qui prend sa source à l'étang de Villards ; à l'ouest, par le village de la Vilaine, paroisse d'Hyds ; au sud, par le village des Chiez, paroisse de Lapeyrouse ; et, au levant, par le village du Four, paroisse de Beaune.

Le château est un reste de vieille construction féodale, sorte de donjon carré, aux murs épais, assis sur un rocher qui lui sert de base et avec lequel elle se confond. Au rez-de-chaussée, deux vastes pièces servent de logement aux fermiers. Le premier étage comprend également deux pièces. Dans l'une, on remarque une vieille cheminée assez intéressante. Le reste de l'édifice est un grenier, éclairé par de minuscules fenêtres et surmonté d'u toit qui a été remanié et remplace le toit de l'époque primitive. Celui-ci devait être, comme toutes les constructions du temps, très étroit, en pente rapide et à quatre pans. Un vaste jardin clos de murs lui sert d'enceinte. Les fossés ont disparu ; les dépendances sont accolées à l'édifice, et quelques vieilles parties sont de la même époque que le bâtiment principal.

Villards est peut-être la plus ancienne des seigneuries de Beaune. A quelle époque remonte-t-elle ? Il nous est difficile de fixer une date précise.

Toutefois, le récit suivant nous permet de croire qu'elle est contemporaine de saint Patroclé, patron de l'église de Colombier, où sont conservées très précieusement les reliques de ce grand saint du Bourbonnais, qui vivait vers 570.

Une tradition, consignée dans les archives paroissiales de Néris par M. Desmaisons, prieur-curé de cette paroisse vers 1740, nous dit :

Nous apprenons d'ancienne tradition que saint Patrocle, qui avait fait bâtir un monastère de filles en ce bourg de Néry, se voyant trop recherché par les grands miracles qu'il opérait pour les malades qui le venaient trouver en ce lieu, s'en alla construire un autre monastère au lieu dit Colombier, qu'il gouverna un assez long espace de temps ; après quoy, pour vacquer davantage à la piété et à l'oraison, il s'enfonça dans les bois de la Celle et s'y bâtit un hermitage. Une biche de ces bois s'apprivoisa si fort à s'approcher de lui qu'elle le venait souvent voir ; il la faisait manger en sa présence et luy tenait lieu d'innocente récréation. Deux gentilshommes, chassant aux environs, tuèrent, (on n'assure pas si ce fut par hasard ou de propos délibéré), cette biche si familière à ce saint homme. On a remarqué que, depuis la mort de cet animal, ces deux gentilshommes et tous ceux qui, depuis, ont possédé les biens et terres qu'ils tenaient comme propriétaires n'ont jamais pu avoir d'enfants mâles. Sont dans ce cas les possesseurs du domaine et fief de Villars, paroisse de Beaune, dont on prétend que l'un des deux gentilshommes cy-dessus était seigneur et détempteur.

Ce qui donne à ce récit de la vraisemblance et

confirme la tradition, c'est qu'il existe, dans l'église de Colombier, une antique statue, nouvellement peinte, qui représente notre saint Patrocle ayant à ses pieds un animal ressemblant à une biche...

Faisons la part de la légende, et supposons même que la biche de saint Patrocle soit aussi imaginaire que la biche de Geneviève de Brabant... Il y a tant de traditions locales que le peuple a entourées de légendes ! Il n'en reste pas moins acquis qu'à l'époque de saint Patrocle le fief de Villards, de Beaune, existait et avait un seigneur.

Il est regrettable que le brave prieur curé de Néris n'ait pas su par la tradition et ne nous ait pas donné le nom du personnage d'alors, seigneur de Villards.

Quant aux différents seigneurs qui se sont succédé à Villards, et qui n'auraient pas eu d'enfants mâles, nous ne pouvons le contrôler pour les époques antérieures à 1322. Mais, à cette date, nous trouvons les des Mollins, seigneurs de Villards, et nous constatons qu'ils ont eu, eux et leurs successeurs, une belle lignée d'enfants mâles.

Le premier seigneur que nous découvrons à Villards, alias Villers, est :

1322. — Hugonin des Moulins, alias Mollins, damoiseau, fils de Regnaud, qui tient, par une de Villards, ce semble, le *chesal* de Villers, châtellenie de Murat.

1352. — Jehan de Serre ou Sarre *(de Serra)*, damoiseau, pour sa femme Agnès de Villers ou Villards, fait aveu, en 1352, de cens sur Gipcy, et leurs enfants, Jean, Guillemin et Marguerite, sous la tutelle de Jean de Goux, damoiseau, font, en 1366, aveu des mêmes cens et, en plus, de l'hôtel, terre et seigneurie de Villers, alias Villards, de la châtellenie de Murat (*Noms féodaux :* Serre).

Or, d'après Nicolas de Nicolay, il n'y avait, dans la châtellenie de Murat, en 1566, et il n'y eut depuis, ce semble, qu'un seul fief de ce nom, celui de Beaune.

1441. — Jehan des Mollins, écuyer, seigneur de Villards, paie à Frère Jacques de Sovade, prieur, à cause de son prieuré de Beaune, trois quartons seigle, mesure Montmaraud, de cens ou rentes, sur les prés et terres que Jean Rocherolle tient et porte dudit Jehan des Mollins, au mas franc assis en la paroisse de Beaune. (Reconnaissance passée devant Frère Day et signée : Chanier, notaire, le 27 novembre 1441.) (Arch. paroissiales.)

1485. — Charles des Mollins, écuyer, est seigneur de Villards.

1505. — Jehan des Mollins, écuyer, seigneur de Villards *(N. F.)*.

Nous pouvons nous poser cette question : Quel est le lieu d'origine de la famille des Mollins ?

Il semble très probable qu'il y eut trois maisons ou famille des Mollins : 1° Celle de Chandon, sur Ainay-le-Château, connue depuis 1342 ; 2° celle de Fougères, sur Marcillat-d'Allier (Combrailles), connue depuis 1350 au moins ; 3° celle de Beaune, connue depuis 1322.

Toutes les trois doivent être d'origine commune. Mais où est situé le fief d'origine, dit des Mollins ? On peut être porté à croire qu'elles sont tout simplement de Moulins même. Notre capitale, au treizième siècle, n'était encore qu'une simple villa : *villa de Molinis*, où il y avait chapelle : *capella de*

Molinis. Iseure était tout, à cette époque. Ce sont les Bourbon qui ont créé Moulins à partir du treizième siècle.

1548. — Geoffroy des Mollins, écuyer, seigneur de Villards, signe, le 9 février, au terrier de la Cour (folio 218), une reconnaissance par laquelle il s'engage à payer à chacun an une redevance de cens au membre de Buxières-Jérusalem, pour sa terre du Soupt, paroisse de Beaune, dépendant de l'hôpital et chapelle d'Augières, paroisse de Beaune, savoir : un quarton comble avoine, mesure Montmaraud. (Arch. par.)

1566. — Anthoine des Mollins, escuyer, seigneur de Villards, époux d'Anthoinette de Tournebise, revenant de la chasse, se prit de querelle avec Anthoine de Beaucaire, seigneur de Beaucaire et Sallebrune, et fut tué par ce dernier, aidé de son fils Paul de Beaucaire et de son garde-chasse Minard, le 22 mai 1566. (Arch. par.)

1577. — Accord entre Jacques d'Apchon, chevalier de l'ordre du roi et baron de Saint-Germain-des-Fossés, et Anne d'Apchon, femme de Gilbert des Mollins, seigneur de Villards et la Saulzée, au sujet d'une transaction passée avec Françoise de Brichanteau. (Arch. dép.)

1592. — Gilbert de Janzat, écuyer, seigneur des Picandets, paroisse d'Hyds, vend à Gilbert des Mollins, escuyer, seigneur de Villars, paroisse de Beaune, la quantité de huit quartons, deux coupes avoine mesure Malicorne, de cens annuel et perpétuel, portant tous droits de directe seigneurie, lequel cens est assis sur le max des Issards, paroisse d'Hyds. (Arch. par.)

* * *

La terre et la seigneurie de Villards passèrent, en 1629, à la famille de Chateaubodeau, en la personne de François Ier de Chateaubodeau, seigneur du Châtelard, la Ronde, Coutansouze et Bornay, veuf en premières noces de Gilberte de Bornay et époux en secondes noces de Gilberte de Brezons. Il acheta Villards, le 30 juin 1629, pour 12.500 livres. (Cf. *Le Veurdre,* par E. Le Brun.) Il avait épousé, par contrat du 2 août 1620, Gilberte de Brezons, fille de Sébastien de Brezons, écuyer, seigneur de Neyre-Brousset, et de Marie du Pouget de Nadailhac (Arch. de l'Yonne) dont il eut :

1° Rose de Chateaubodeau, qui épousa, après 1648, Guy des Chèzes, écuyer, seigneur du Chezaud, puis, veuve, se remaria avec Pierre des Chèzes, frère du précédent, veuf de Jeanne de Vélard. Devenue veuve une seconde fois, elle épousa en troisièmes noces Annet de Bosredon, écuyer, seigneur de Pierry et de Beaubienne.

2° Madeleine, épouse Toussaint de Collasson, écuyer, seigneur de Fontys, paroisse d'Hyds.

3° François, qui suit (II).

4° Marguerite (1653-1657), qui habita Colombier, chez son beau-frère Collasson et paraît dans plusieurs actes. (Arch. de l'Yonne).

5° Louise, religieuse à Saint-Joseph de Vic-en-Carladès, en 1656.

6°-8° Deux fils et une fille morts en bas âge.

II

François II de Chateaubodeau, écuyer, seigneur du Châtelard et de Villards, habite Villards, le 6 mai 1644, ainsi que le 29 août 1649, quand il souscrit une obligation de 220 livres au profit de Gaspard de Chateaubodeau, seigneur de la Cresne. Il fut parrain, à Beaune, en 1634 et 1635, et y fut témoin dans deux actes, en 1648 et 1690. Demeurant à Cornassat, paroisse de Beaune, il est mentionné dans les mêmes actes que ses sœurs, en 1656 et 1657. Le 2 juillet 1657, ses sœurs lui abandonnent leur part dans une somme de 1.163 livres 10 sols, due par Jean de Chateaubodeau, leur cousin.

Il avait épousé, à Cornassat, le 13 novembre 1653, Catherine Moncel, dont il eut :

1° Anne de Chateaubodeau, née le 22 août 1654, à Beaune, mariée, le 2 juillet 1676, avec Gilbert Guilhomet et décédée en 1728, à l'âge de 75 ans. (Arch. par.)

2° Marie de Chateaubodeau, sœur jumelle de la précédente, mariée, le 11 avril 1673, avec Antoine Mazuel et décédée, en 1731, âgée de 77 ans.

3° Louis de Chateaubodeau, née à Beaune, le 17 février 1658.

4° Gilbert qui suit (III).

5° Jean de Chateaubodeau, écuyer. Il vécut à Langeron et à Saint-Pierre-le-Moûtier et soutint de nombreux procès. (Cf. *Le Veurdre,* par E. Le Brun.)

6° Antoine de Chateaubodeau, né à Beaune, le 30 avril 1673.

Et probablement encore :

7° Jeanne-Marie-Thérèse de Chateaubodeau, dame de Coutansouze, épouse d'Estienne-François Aschard, laquelle des Gozis croit, sans certitude, être la fille de Gaspard II de Chateaubodeau, seigneur de la Cresne, et de Gilberte de Gontay.

Estienne Aschard, châtelain de Bellenaves, lieutenant des eaux et forêts de la maîtrise de Montmaraud, était veuf de damoiselle Marie Lemoyne.

III

Gilbert de Chateaubodeau, fils de François II et de Catherine Moncel, autorisait, en 1705, sa femme à soutenir procès contre Jacques Pelletier, marchand tailleur d'habits à Paris. (Arch. dép., B. 385.)

Il avait épousé Angélique Colin, fille d'Antoine, seigneur de Besnay, conseiller au présidial de Moulins, et d'Angélique de Canleu. Il mourut à Souvigny, le 27 juin 1707, et sa femme le 11 mai 1716.

Ils avaient eu de leur union :

Marie-Charlotte de Chateaubodeau, née à Souvigny, le 12 avril 1698, qui épousa Marien Huet de Courjamont, avocat en parlement.

En 1635, nous retrouvons la seigneurie de Villards entre les mains de la famille des Mollins, par le mariage de Jacques des Mollins, écuyer, avec Gilberte de Brezons, veuve de François de Chateaubodeau, laquelle apporta à son mari la terre de Villards.

Ils eurent de leur union au moins quatre enfants :

1° Anne des Mollins, baptisée à Beaune, le 5 février 1636, qui eut pour parrain Jacques d'Apchon de Saint-Germain, et pour marraine honneste dame Anne d'Apchon.

2° Thomas des Mollins, frère jumeau de la précédente, baptisé à Beaune le même jour que sa sœur, et qui eut pour parrain Dom Thomas d'Apchon, grand prieur de Saint-Germain, Saint-Pierre, Saint-Patrocle de Colombier, grand vicaire du prieuré de Soumans, et pour marraine honneste dame Anne Demoynier, dame de Saint-Germain.

3° Philiberte des Mollins, baptisée à Beaune, le

26 mars 1637, qui eut pour parrain Messire Gilbert de Rollat, écuyer, seigneur de Puyguillon et autres places, et pour marraine Philiberte de Saint-Aubin, dame de Saint-Germain.

4° Jehan-Gilbert des Mollins, baptisé à Beaune, le 23 septembre 1640, fils de feu Jacques, écuyer, seigneur de Villards, qui était mort le 7 mai de la même année et avait été inhumé en l'église de Beaune.

Jehan-Gilbert des Mollins avait eu pour parrain Jean de la Rougière, écuyer, sieur de Biozat, et pour marraine damoiselle Jeanne de la Richardière, dame de Biozat.

En 1654, Thomas des Mollins est toujours, d'après les actes, seigneur de Villards. Sa mère, Gilberte de Brezons, dame de Villards, veuve de Jacques des Mollins, vendit la terre de Villards, après 1654 et avant 1657, à René de Saint-Martin, sieur du Mazeau, paroisse de Beaune, qui devint seigneur de Villards.

Je ne suis pas fixé sur l'origine des Saint-Martin, seigneurs du Mazeau et de Villards. Nous trouvons, dès le seizième siècle, cette famille possessionnée en Bourbonnais et qui étend peu à peu ses ramifications dans tous les sens.

Bétencourt, dans ses *Noms féodaux*, et Gaignières, dans un recueil d'épitaphes de Bourgogne, signalent, à l'église de Sept-Fons, une dalle funéraire portant le nom de Reynal de Saint-Martin, avec la date 1320.

Au dix-septième siècle, je trouve les Saint-Martin possessionnés à Abrest, à Montvicq, à Busset (seigneurie de Granval), à Saint-Gerand-le-Puy, à Périgny, à Saint-Martin-des-Lais, à Sanssat, à Fourilles, puis aux confins du Bourbonnais, à Lammon, paroisse de Neuilly-sur-Dun, à Saint Mannien, à Mombreux, Martinet, etc.

Gauthier de Saint-Martin, époux de Louise de Saint-Yrieix, est seigneur de Montvicq, au commencement du dix-septième siècle. Ce voisinage me paraît suggestif. De plus, en 1622, damoiselle Pérette de Saint-Martin, sa fille, — qui avait obtenu du cardinal-archevêque de Bourges la permission de changer son nom de Pérette en celui de Marie, comme en fait foi l'attestation du curé Moncelon, en date du 29 avril 1622, — épousa, en 1624, René Rollin, écuyer, seigneur de Valignat, près Bellenaves.

Or René de Saint-Martin, seigneur du Mazeau et de Villards, avait épousé Suzanne du Mont. S'agit-il du Mont, paroisse de Bellenaves, tout près de Valignat ? Ce rapprochement serait encore indicateur.

Et alors la famille de Saint-Martin, de Beaune, qui nous intéresse, descendrait (?) de la grande famille des Saint-Martin, seigneurs de Bagnac, en la paroisse de Saint-Bonnet, juridiction de Bellac, ressort de la Basse-Marche, en Limousin.

FAMILLE DE SAINT-MARTIN

René de Saint-Martin, écuyer, seigneur du Mazeau et de Villards, avait épousé, vers 1650, damoiselle Suzanne du Mont, dont il eut au moins : 1° Louis de Saint-Martin, né en 1651, qui épousa, après 1680, damoiselle Marie Michelon, veuve de Jean Alarose, sieur des Morins. Il mourut en 1709, et fut inhumé dans l'église de Beaune.

En 1686, il se départit de prétendus droits qu'il invoquait sur la chapelle de Saint-James, à Montmaraud, et cela « pour entretenir paix et union et assoupir le procès ».

2° Jehan de Saint-Martin, inhumé en l'église de Beaune, le 26 octobre 1653.

3° Joseph de Saint-Martin, né à Bellenaves, le 25 novembre 1661, baptisé à Beaune, le 28 juillet 1662. Il mourut le 20 juillet 1681, et fut inhumé en l'église de Beaune devant l'autel de sainte Anne.

4° Gabrielle de Saint-Martin, baptisée à Beaune, le 18 mai 1664, et qui eut pour parrain Louis de Chambon, chevalier, seigneur des Ternes et mestre de camp général dans les armées du roi, et pour marraine Gabrielle de Sarre, dame de Sarre, Talayat, etc.

5° Sébastien de Saint-Martin, baptisé à Beaune, le 20 juillet 1665, et qui eut pour parrain Sébastien de Chambon, chevalier, sieur de Talayat, et pour marraine Marguerite de Rochedragon, dame des Ternes.

6° Charles de Saint-Martin, baptisé à Beaune, le 11 décembre 1667, et qui eut pour parrain Charles de Lingendes, écuyer, seigneur de Boulerot, capitaine au régiment de Saint-Vallier, et pour marraine Sylvie de Rochedragon, dame de Marcillat.

7° Marie de Saint-Martin, baptisée à Beaune, le 29 septembre 1669, et qui eut pour parrain Messire Martin Pommier, prêtre, docteur en théologie et prieur dudit Beaune, et pour marraine dame Marie du Peyroux. Elle mourut et fut inhumée en l'église de Beaune, le 29 avril 1675.

8° Catherine de Saint-Martin, baptisée à Beaune, le 19 octobre 1670. Parrain, Gilbert Bramat, clerc à Cornassat ; et marraine, Catherine Foucrier.

René de Saint-Martin, seigneur de Villards, mourut le 16 février 1693. Il avait vendu la terre de Villards quelques années auparavant. Sa veuve, Suzanne du Mont, le suivit de près dans le tombeau. Elle mourait le 24 mars de la même année 1693. Tous deux furent inhumés en l'église de Beaune.

Après la famille de Saint-Martin, la terre de Villards passa à Charles de Bressolles, écuyer, seigneur de la Planche, le Vergnaud, paroisse d'Hyds, fils de César de Bressolles et de Françoise de Chateaubodeau, et époux de Philippe-Guillemette de Crémeaux, d'une famille noble du Mâconnais et du Lyonnais.

Il vendit, peu de temps après, la terre de Villards, à Jean Desbouis, deuxième du nom, seigneur de Sallebrune. Celui-ci fit foi et hommage au roi, en 1689, pour ses fiefs de Villards et Sallebrune, paroisse de Beaune. Il transmit cette terre à ses enfants, qui la gardèrent jusqu'à la Révolution. Puis Villards fut vendu à différents propriétaires, qui divisèrent la seigneurie. Le château et le domaine y attenant furent acquis par la famille Siramy, de Louroux-de-Beaune, et c'est encore un Siramy, descendant de cette famille, qui en est le propriétaire actuel [1]

SEIGNEURIE DE LA FAYE

D'après l'étymologie généralement admise, la Faye signifie un lieu planté de hêtres *(fagus)*. Beaucoup d'endroits portent ce nom, en Bourbonnais et ailleurs.

La Faye, de Beaune, est un plateau découvert, distant du bourg de quinze cents mètres tout au plus, tout près de la route de Beaune à Montmarault, par Villars, de Saint-Bonnet-de-Four. La population de ce village est présentement de six feux.

Ce que l'on appelait autrefois terre et seigneurie

1. Voir pour plus amples renseignements sur la famille des Bouis, la notice consacrée à la seigneurie de Sallebrune.

de la Faye comprenait trois domaines, une réserve et le castel seigneurial. Le tout a été morcelé et vendu à différents propriétaires, après le départ de la famille de Montaignac de Chauvance, dernier seigneur possesseur de la Faye.

Au point de vue archéologique, le château de la Faye n'offre rien de remarquable. C'est une assez vaste construction de la fin du dix-septième siècle qui n'a gardé de son aspect féodal que la tour ronde du côté sud, qui subsiste encore, couverte d'albardeaux moussus, et surmontée d'un lanterneau.

Les dépendances ont été transformées en ferme.

LES SEIGNEURS DE LA FAYE

Les *Noms féodaux* de Dom Bétencourt citent un Jehan d'Avenier, seigneur de la Faye en 1443. C'est possible. La famille d'Avenier, alias d'Avenières, était largement possessionnée à cette époque dans le Bourbonnais et spécialement dans notre voisinage et dans les châtellenies de Chantelle et de Murat. Mais aucun document ne me permet d'appuyer l'assertion de Bétencourt.

Le premier seigneur que je trouve à la Faye, paroisse de Beaune, est : Antoine Roussin, écuyer, dont le testament, rédigé en latin par messire Sauvage, prêtre communaliste de Beaune et notaire-juré, date du 22 avril 1498. Je traduis et transcris ici les principales clauses et conditions énoncées dans ce document testamentaire :

† Au nom du Père, du Fils et du Saint-Esprit. Amen.

L'an 1498, le 22 avril, moi, Anthoine Roussin, écuyer, seigneur de la Faye, paroisse de Beaune, considérant qu'il n'y a rien de plus certain que la mort et de plus incertain que l'heure d'icelle ; grâce à Dieu, sain d'intelligence et en pleine conscience de mes actes, bien que malade et infirme de corps, veux, pendant que j'en ai le temps, fonder, ordonner et faire mon testament de dernière volonté et disposer des biens et des choses que Dieu m'a donnés.

Avant tout, je donne et recommande mon âme à Dieu le Créateur et à Jésus-Christ, à la bienheureuse Vierge Marie, mère de Dieu, à saint Michel, archange, à saint Agnan et à toute la cour céleste. Et, le jour de ma sépulture dans l'église de Beaune, je veux et ordonne qu'il soit donné, *chaque année*, à la fabrique de la dite église de Beaune une émine de seigle, mesure Montmaraud, fournie et payée par mon héritier et les siens *chaque année*.

Plus, veux et ordonne que les prêtres qui accompagneront avec la croix, l'eau bénite et le surplis, mon corps quand on l'ensépulturera, aient chacun cinq deniers tournois soldés par mon héritier une fois pour toutes.

Plus, veux et ordonne qu'au jour de ma mort soient présents vingt prêtres qui célèbreront chacun une messe pour le salut de mon âme et de l'âme de mes parents, et qu'il soit donné à chacun vingt deniers tournois et à dîner, ou trente deniers sans dîner, une fois pour toutes.

Plus, veux et ordonne que, pendant quarante jours continus, soient célébrées quarante messes dans la dite église de Beaune et qu'à chaque messe soit faite une offrande avec pain, vin et chandelle.

Plus, veux et ordonne qu'à la fin de la dite quarantaine de messes soient célébrées vingt autres messes dans la dite église de Beaune pour le remède de mon âme et de celle de mes parents et qu'il soit donné à chaque prêtre vingt deniers une fois pour toutes.

Plus, veux et ordonne que, le même jour, soient donnés aux pauvres de la paroisse, afin qu'ils prient Dieu pour le salut de mon âme et de celle de mes parents, huit setiers de seigle, mesure Montmaraud.

Plus, veux qu'à la fin de l'année, dans la dite église de Beaune, soient célébrées vingt messes pour le salut de mon âme et celles de mes parents et à chaque prêtre veux qu'il soit donné vingt deniers tournois avec repas et trente sans repas, une fois pour toutes.

Plus, veux et ordonne qu'à perpétuité, au jour anniversaire de mon décès et chaque semaine, soit célébrée une messe dans la dite église de Beaune par le prieur et ses vicaires, et les prêtres de la dite paroisse ; et pour la dite messe, veux et ordonne qu'il soit donné audit prieur et aux dits prêtres, chaque année, par mon héritier et les siens, à perpétuité, trois livres tournois, jusqu'à ce que mon dit héritier et les siens aient bien assis et assigné audit prieur et aux dits prêtres, les trois livres de rente annuelle et perpétuelle.

Plus, veux et ordonne qu'il soit donné audit prieur de Beaune, et à ses successeurs à venir dans ledit prieuré, un quarton de seigle mesure Montmaraud, lequel quarton de seigle mes prédécesseurs avaient l'habitude de donner, chaque année, et au sujet duquel, autrefois, il y eut procès entre le prieur dudit lieu et le tuteur de mon père.

Plus, veux qu'il soit donné à Philippe de Chanteloupt, ma nièce, 100 livres tournois ;

A Guillaume de Chanteloupt, mon neveu, 50 livres tournois;

A Jeanne et Marguerite de Chanteloupt, mes nièces, chacune 50 livres tournois ;

A Bérard de Chanteloupt, mon neveu, mon cheval et 100 livres tournois.

Et je fais mon seul héritier et légataire universel, François Roussin, mon frère. Et, s'il arrive que ledit héritier François Roussin meure sans hoirs, je lui substitue, dans ma maison de la Faye et tous mes biens, Bérard de Chanteloupt, mon neveu, et si ledit Bérard, mon neveu, arrive à la succession, il devra donner à ma nièce, fille de ma sœur Gervaise, 150 livres tournois.

Je fais dépositaires de mon testament et exécuteurs testamentaires : Blaise du Boys, prieur de Beaune, ou son successeur ; Antoine Crosse, prieur de Ladepeyre, et les sieurs écuyers Jacques de Beauquaire, écuyer, seigneur du dit lieu, et Pierre de la Brosse, écuyer, seigneur du dit lieu.

Cela est mon dernier testament et ma dernière volonté que

je veux avoir valeur ferme et entière. Je supplie, vous tous, témoins soussignés, d'être, pour tout ce qui est écrit, de vrais témoins, qui fourniront la preuve et le témoignage de la vérité en temps et lieux opportuns. Et vous, vicaire et notaire public soussigné, vous transmettrez à qui de droit les choses énoncées dans le dit testament sans prendre conseil de personne.

Fait et donné dans la dite maison de la Faye, les jour et an que dessus ; en présence de vénérables et discrètes personnes : Frère Blaise du Boys, prieur de la dite paroisse de Beaune ; Me Jehan Jonas, prêtre ; Me Georges Guilhomin, aussi prêtre ; François Pichot, Jean Fournier, Jacques Pinel, clerc, Jacques de Fours, paroissiens de Beaune, et Vincent Lescurol, paroissien de Saint-Bonnet-de-Four, témoins désignés et appelés spécialement par le dit testateur, et moy Pierre Sauvage, prêtre et vicaire de la dite paroisse de Beaune et notaire royal qui, sur demande expresse, ai écrit et rédigé en cette forme la teneur du dit testament.

Signé : SAUVAGE, avec paraphe.

Onze ans plus tard, exactement le 27 mai 1509, nous avons le testament de François Roussin, écuyer, seigneur de la Faye, frère du précédent, et qui mérite aussi d'être transcrit :

A tous ceulz qui ces présentes lectres verront, Jehan Damour secrétaire et auditeur des comptes de puissante princesse Madame la duchesse de Bourbonnais et d'Auvergne, et garde du scel estably aux contractz de la chancellerie de sondict duché de Bourbonnais, salut. Sçavoir faisons que par devant messire Jehan Barthollet, prbre, juré notère du dit scel auquel quant à ce, nous avons commis nostre pouvoir et authorité, personnellement estably aujourd'huy vingt et septième jour de May l'an mil cinq centz et neufz, François Roussin, escuyer, seigneur de la Faye, en la présence de moy notère soubzsigné, à présent vicaire de Beaulne, et des tesmoingz cy dessoulz nommés, comme ayant en luy bonne mémoyre et comme bien advisé, a constitué et ordonné son testament et sa dernière volonté en la forme et manière qui s'ensuit et qui cy amprès est déclarée.

Premièrement, faisant le signe de la croix, In nomine Patris et Filii et Spiritus sancti. Amen. Il recommande son ame à Dieu créateur, à la benoiste Vierge, glorieuse Marie, Monseigneur saint Michel, archange, et à tous les saincts et sainctes du Paradis, et son corps à la terre.

Item, il a voulu et ordonné que le jour de son enterrement soient dictes et célébrées cinquante messes en l'esglize de Beaulne par cinquante prebtres pour le salut de son âme et la rémission de ses péchés et qu'il soit bailhé à ung chascun des dictz prebtres la somme de trente deniers.

Item, a volu et ordonné le dict escuyer que soit faict et dit ung quarantenier par le prieur et prebtres dudict Beaulne avecques une offrande ung chascun jour, de pain, vin et chandelle.

Item, a plus volu et ordonné que amprès le dict quarantenier faict et accomply, que soient dictes et célébrées aultres cinquante messes en l'esglize de Beaulne pour le salut de son âme par cinquante prebtres et que à chascun soit bailhée la somme de trente deniers tournois et que le dict jour soit faicte et bailhée en l'ostel et domicille de la Faye, une aulmosne de pain à son intencion de la quantité de huyct sextiers de blé, mesure Montmaraud.

Item, a volu et ordonné le dict escuyer que amprès que le dict quarantenier sera faict et accomply, qu'il soit commancé ung annuel à son intencion et pour le salut de son âme par messire le prieur de Beaulne et ses vicaires et les aultres prebtres de la paroisse de Beaulne, et que, à la fin de l'an amprès son déceps et trespas, qu'il soit faict un service en l'esglize dudict Beaulne du nombre de cinquante prebtres et qu'il soit bailhé à chacun des dictz prebtres la somme de trente deniers tournoys et que le dict jour soit faite et bailhée son aulmosne de pain à son intencion de la quantité de huict sextiers de blé à ladicte mesure de Montmaraud.

Item, plus a volu et ordonné le dict escuyer que soit bailhé à l'esglize de Beaulne la somme de cent livres tournois pour une fois payée, à icelles cent livres pour avoir et percepvoir sur le lieu et chevance de la Faye, moyennant laquelle somme soient dictes tous les dimanches doresnavant à perpétuel, vigiles de Mortz et une messe de Mortz tous les lundis pour le salut de son âme et de tous ses parens et amys trépassés, par Monsieur le prieur de Beaulne ou ses vicaires et leurs successeurs, et par tous les autres prebtres de la dicte paroisse.

Item, plus a volu et ordonné le dict escuyer être donnée à François Roussin son bastard, la somme de cent livres tournoys pour une fois payée, à icelle prendre et percepvoir sur les dictz lieu et chevance de la Faye.

Item, plus a bailhé le dict escuyer à Martin son serviteur, une vache qu'est à Salvert, et aussy à sa servante qu'est Nannette Gillon, une aultre vache qu'est en la maison de Jehan Bonnet du Roussay et à son mesténier... ung sextier de seilhe mesure Montmaraud et à Mathé Fournier son varlet, ung aultre sextier seilhe à la dicte mesure.

Et a constitué et ordonné le dict escuyer ses dicts exéquteurs de ce présent testament : Jehan de la Souche escuyer sgr de Beaulmont, Jacques de Beauquaire escuyer sgr de Sallebrune, et Gilbert Turpin sgr de Beaurepère, esquelz comme soy confiant totalement à eulz, il a bailhé charge d'accomplyr ou faire accomplyr le dict testament en la manière qu'il la ordonné, et ce aussy en annulant tous aultres testaments qu'il pourrait avoir faictz le temps passé.

Et a volu et veult que ce présent testament aye fermeté et valeur ainsy que de raison.

Car ainsy a esté faict, passé et accordé, promectans les dictes partyes, c'est à sçavoir tant le dit constituant que iceulz chappelains par leur foy et serment, etc...

Faict et donné présens ad ce, noble homme Gilbert Turpin escuyer sgr de Beaurepère, Jehan François de la Planche et Jehan son fils, Mathé Fournier, Messire Guilhaume Sylvain et plusieurs aultres. Le vingt septiesme jour de May, l'an mil cinq centz et neufz.

Signé : J. Barthollet, *avec paraphe.*

Ce sont les seuls documents que nous possédons sur les Roussin, seigneurs de la Faye. Nous avons tenu à les transcrire : 1° pour l'édification des lecteurs ; 2° comme documents sur la mentalité et la coutume de cette époque; 3° pour que les personnages cités dans ces deux testaments puissent servir d'indication et faciliter ultérieurement les recherches sur l'origine, la famille, les alliances, la date de la mort et les héritiers de la famille Roussin de la Faye. Toutes choses que nous ignorons et que nous serions heureux de connaître.

Après les Roussin, la seigneurie de la Faye passa dans la famille de la Mousse. J'ignore comment.

Peut-être par une alliance de la Mousse avec une demoiselle de Chanteloupt, *alias* Chanteloube, nièce et héritière d'Anthoine et François Roussin ? Je laisse aux érudits bourbonnais le soin d'élucider la question.

Quel est le fief d'origine de la famille de la Mousse ? Les uns croient que c'est la localité appelée la Mousse, paroisse de Neure, près de Lurcy-Lévy. D'autres, que c'est probablement le lieu dit la Mousse, localité à cheval sur la paroisse de Franchesse et celle de Bourbon-l'Archambault. Chazaud, dans son *Dictionnaire des noms de lieux habités du département de l'Allier,* ne cite que deux endroits appelés la Mousse, l'un sur Bourbon, l'autre sur Neure, tous les deux de la châtellenie de Bourbon.

D'après Nicolay, il n'y a, en 1566, qu'un fief de la Mousse. Il est dans la châtellenie de Bourbon et très probablement dans la paroisse de Bourbon. Il est vrai que Neure est aussi de la même châtellenie...

Des Gozis croit que c'est plus probablement dans le voisinage d'Hérisson, peut-être même dans la ville de ce nom, car, dit-il : « c'est là tout au moins que je la vois possessionnée dès le quatorzième siècle ». Sa raison ne me paraît pas convaincante ni péremptoire. On peut avoir habité depuis fort longtemps un pays, et antérieurement à beaucoup d'autres, sans en être originaire. S'il y avait un fief de la Mousse dans la châtellenie d'Hérisson, des Gozis aurait une forte présomption en sa faveur. Il nous dit bien qu'une des principales portes du château d'Hérisson s'appelait porte Mousse, mais cela, à mon avis, n'est pas suffisant pour constituer un fief. Les de la Mousse, dans les lettres à terrier, se réclament en maints endroits de leur terre et chevance de la Mousse...

Le premier de la Mousse que nous trouvons seigneur de la Faye, paroisse de Beaune, est :

I

Antoine de la Mousse, écuyer, seigneur de Plaisance, la Faye, etc., écuyer d'écurie de Mgr le duc de Nivernais. Il fut, le 7 octobre 1550, témoin d'un acte d'échange passé par le duc. Le 14 mars 1560, il fut aussi l'un des témoins de l'acte de partage de biens fait par François de Clèves, duc de Nevers, entre ses enfants (MAROLLES).

Il était probablement le fils de Gilbert Ier de la Mousse, écuyer, seigneur de Plaisance, près Moulins. J'ignore le nom de sa femme, dont il eut :

1° Jean-Louis, qui suit (II).

2° Claude de la Mousse, mariée à Paul Girard, écuyer, seigneur de Chevenon, Sermoise, etc., en

Nivernais. Le 31 août 1619, tous deux, sans doute, se voyant sans enfants, firent une donation de tous leurs biens, meubles et immeubles, à Antoine de la Grange. (Arch. Allier, B. 737.)

II

Jean-Louis de la Mousse, chevalier, seigneur de la Mousse, la Faye, Plaisance, etc., épousa, par contrat du 13 janvier 1599, Jeanne de Bourbon-Busset, fille de Jean, seigneur de la Motte-Feuilly, le Fay, le Montet, Nères, etc., chevalier des ordres du roi, et d'Euchariste de la Brosse-Morlay.

Il fut probablement le père de :

1° Gilbert, qui suit (III).

2° Jehanne de la Mousse, mariée, vers 1620-1625, à Jean de Breschard, écuyer, seigneur de la Motte et de Virlobier, fils de Jacques et de Françoise de Beaucaire. Elle mourut avant lui et il prit une seconde alliance, le 15 avril 1658, avec Guillemette Menudel.

III

Gilbert de la Mousse, IIe du nom, écuyer, seigneur de Beaune, la Faye, etc., puis, par sa femme, de la Motte-de-Joux, des Miniers, etc., né vers 1610-1615, soutenait procès, l'an 1664, par devant le présidial de Moulins, contre Claude de Lévis de Chateaumorand. (Arch. Allier, B. 105.)

Encore vivant en 1691, au commencement de l'année il plaidait par devant la même juridiction contre Jean Desbouis de Sallebrune.

En 1664, il fut inscrit avec la note suivante dans un rapport présenté au roi par l'intendant de Moulins sur la noblesse bourbonnaise : « La Mousse, seigneur de Beaune, homme de service, qui a 2 ou 3.000 livres de rente. »

Le 4 mai 1652, il acheta de son beau-père, moyennant 32.000 livres tournois, la terre des Miniers, sise paroisse de Saint-Pierre-Laval, consistant en maison-forte, colombier, etc., avec des droits honorifiques dans l'église de Saint-Pierre-Laval.

Il mourut et fut enterré à Beaune, le 11 mars 1691.

Il avait épousé, en 1642, Catherine de Guines, dame de la Motte-de-Joux, paroisse de Bert, fille de Michel de Guines, seigneur des Miniers et d'Alix de Sommièvre. Elle mourut, en 1686, âgée de soixante ans, et fut inhumée dans l'église de Beaune. Elle avait donné à son mari :

1° Catherine de la Mousse, mariée à Beaune, le 16 août 1685, avec Jean des Fougères, seigneur des Gougnons, paroisse de Tronget, et décédée à Beaune, le 18 février 1687, à l'âge de trente-cinq ans, laissant une fille, Marie-Anne, décédée en 1688, et inhumée dans l'église de Bayet.

2° Gilbert-François, baptisé au château de la Faye, le 22 juin 1647, et qui eut pour parrain Jehan Thueslin, précepteur des enfants de la Mousse, et pour marraine Catherine de la Goutte.

3° Michel, qui suit (IV).

4° François, né et baptisé à Beaune, le 21 septembre 1649, chanoine de Saint-Sauveur d'Hérisson, prêtre communaliste de Beaune, le 30 avril 1679.

5° Jean-François, né et baptisé à Beaune, le 10 novembre 1657, écuyer, seigneur de la Motte-de-Joux, lequel mourut dès avant 1700. Il avait épousé, vers 1680, Jeanne Seuillet, d'une famille bourgeoise de Lapalisse. Jeanne Seuillet survécut à son mari et fut inscrite pour un blason d'office à l'Armorial général en 1700. (Reg. Moulins, n° 382.) Elle avait donné à son mari un seul fils, qui mourut jeune et laissa sa mère hériter de la terre de la Motte-de-Joux.

6° Mathias, baptisé à Moulins, paroisse de Saint-Bonnet-Iseure, le 25 mai 1661, seigneur de la Mouttière, paroisse de Saint-Bonnet-de-Four, marié, à Tronget, le 8 février 1683, avec Anne Guillebon, veuve de Nicolas de Fougières, vivant seigneur des Gougnons, paroisse de Tronget, qu'elle avait épousé en 1663.

Anne vivait encore en 1702. Je ne lui connais qu'un fils :

Jean-Baptiste de la Mousse, né le 3 octobre 1685, époux de Marie-Anne de Beaucaire, fille de Jean-François de Beaucaire et d'Edmée de Neufchèze.

7° Marie, née et baptisée à Beaune, le 16 septembre 1669, mariée, à Beaune, le 19 novembre 1707, avec Henri des Fontaines, écuyer, seigneur de la Pérelle et autres terres.

8° Autre Marie de la Mousse.

9° Marie-Anne de la Mousse, décédée au couvent de Lapalisse.

IV

Michel de la Mousse, écuyer, seigneur de Beaune, la Faye, les Miniers. Né, le 8 juin 1648, à Beaune, il semble être mort en 1704.

Il avait épousé, vers 1675, Jeanne d'Oultre, fille de noble Pierre d'Oultre, seigneur de la Côte, juge-châtelain de Billy, et de Gilberte Bernard.

Il laissa trois enfants :

1° Gilbert, qui suit (V).

2° Joseph de la Mousse, écuyer, seigneur d'Arizolle, conseiller du roi, chevalier d'honneur au bureau des finances de Moulins (1736-1739). Il vendit, peu avant 1720, le fief et la terre d'Arizolle, près Moulins, à Gilbert-François-Alexandre, seigneur de Dorne, premier commis du ministère de la guerre. Il avait épousé, dès avant cette date, Eléonore de Langlade. J'ignore s'il en eut postérité.

Joseph de la Mousse, (je ne sais si c'est le même), ancien capitaine au régiment Lyonnais, institua pour héritier, par acte du 6 février 1750, son neveu, autre Joseph de la Mousse, sur le point de se marier. (Arch. Allier, B. 766.)

3° Gilbert-Jacques de la Mousse, tuteur de Nicolas de la Mousse, en 1714.

V

Gilbert de la Mousse, IIIe du nom, chevalier, seigneur de Beaune, la Faye, Vernassoux, paroisse de Louroux-de-Beaune, les Miniers, etc., né, vers 1675, de Michel de la Mousse et de Jeanne d'Oultre.

Il acheta la terre de Vernassoux à Hector-Roger de Saint-Chamand et à Jehanne de Chabanne, son épouse, vers 1706. Il en fit foi et hommage au roi, en 1707, ainsi que de sa terre de la Faye et de sa seigneurie de Beaune. Il dut mourir jeune et dès 1714.

Il avait épousé, par contrat du 19 février 1704 (Arch. Allier, B. 750), réalisé le même jour en l'église de Doyet : Catherine-Amable de Montaignac, fille d'Amable, comte de Chauvance et de la Rochebriant, baron de l'Arfeuillère, et d'Antoinette du Peschin de Bord.

Cette alliance lui donna :

1° Nicolas, qui suit (VI).

2° François, baptisé à Beaune, le 13 mai 1709, et qui eut pour parrain messire François de la Mousse, prêtre, chanoine de l'église d'Hérisson, et pour marraine damoiselle Anne de Montaignac de Bord.

3° Marie-Amable, baptisée à Beaune, le 24 juillet 1710, et qui eut pour parrain messire Amable de Montaignac, chevalier, seigneur de Chauvance, et pour marraine damoiselle Marie de la Mousse, de Beaune.

4° Joseph, baptisé à Beaune, le 5 janvier 1712, et qui eut pour parrain messire Joseph de la Mousse, chevalier, seigneur des Miniers, capitaine au régiment Lyonnais, et pour marraine dame Marie d'Arfeuille. Il demeurait au château de la Faye, lorsque, le 6 février 1750, il fut, à l'occasion de son futur mariage, choisi et institué pour héritier par son oncle et parrain, Joseph de la Mousse. Il était sur le point d'épouser Marie Harault des Vernières, qu'il épousa effectivement et dont il eut une fille, Marie-Anne, décédée et inhumée, le 14 avril 1757, à Gennetines.

5° Marie-Amable, baptisée à Beaune, le 4 mars 1713, et qui eut pour parrain messire Amable de Montaignac, écuyer, et pour marraine dame Marie de la Mousse de la Pérelle.

6° Marie-Anne, baptisée à Beaune, le 19 mars 1714, et qui eut pour parrain messire Nicolas de la Mousse et pour marraine damoiselle Marie-Anne d'Oultre. Elle épousa, par contrat passé à Montmarault, le 15, et réalisé en l'église de Beaune, le 17 avril 1739, Nicolas des Magnoux, chevalier, seigneur de Tourzel, Saint-Pierre, etc., fils de Charles et de Marie d'Huissel (Arch. Allier, B. 755). Elle vivait encore, le 4 février 1757.

7° Eléonore, baptisée à Beaune, le 7 mai 1715, et qui eut pour parrain messire Henri des Fontaines, chevalier, seigneur de la Brenne, et pour marraine Eléonore de Langlade.

VI

Nicolas de la Mousse, chevalier, seigneur de Beaune, la Faye, Vernassoux, la Côte, les Miniers, etc., mestre de camp dans le régiment de Lévis-Cavalerie, en 1734. Il naquit à Beaune et fut baptisé en l'église de la paroisse, le 30 janvier 1708. En 1714, il hérita de la terre de la Côte, paroisse de Magnet, de son cousin Joseph d'Oultre. Mais, à cette date, il était encore mineur et son tuteur, Jacques-Gilbert de la Mousse, (son père ?), la vendit aussitôt, le 29 juin 1714, à Gilbert Charles, moyennant 6.400 livres. *(Fiefs du Bourbonnais.)*

En 1734, il soutenait procès, par devant le présidial de Moulins, contre les héritiers de Saint-Chamand et autres. (Arch. Allier, B. 639.)

Le 9 novembre 1740, je le vois signer comme parrain un acte des registres paroissiaux de Montmarault.

Nicolas de la Mousse, mort et inhumé à Beaune, le 30 mars 1759, âgé de cinquante et un an, avait épousé, par contrat passé à Auzances, le 6 janvier 1739, Marie-Anne de Montaignac, (Arch. Allier, B. 755), que je crois fille de François, marquis de Lignières, seigneur de la Couture, et de Marie-de Montrognon-Salvert. De cette union naquit, au moins :

Marie-Gabrielle de la Mousse, née et baptisée à Beaune, le 19 octobre 1739, dame des Miniers, la Faye, etc., qui épousa, par contrat du 28 janvier 1755,

Amable de Montaignac, chevalier, comte de Chauvance et de la Rochebriant, seigneur de Bord, le Plaix, etc., officier au régiment de Thiange-Cavalerie, fils d'Amable-Gaspard et de Marie-Jeanne Cadier. (Arch. Allier, B. 789.)

*
* *

Ce fut par ce mariage de Gabrielle de la Mousse avec Amable de Montaignac que la terre et la seigneurie de la Faye passèrent à la famille de Montaignac, dont nous allons parler.

I

Amable de Montaignac, IIe du nom, chevalier, comte de Chauvance, seigneur du Plaix, Chamblet, etc., puis, par sa femme, des Miniers et de la Faye, dit le comte de Montaignac de Chauvance, naquit en 1733.

Il fut d'abord page de Stanislas, roi de Pologne (1749), puis successivement officier au régiment de Thiange-Cavalerie, capitaine aux dragons de Chapt en 1758 et chevalier de Saint-Louis. Il fit, dans ces différents grades, les campagnes de la guerre de Sept-Ans, se distingua notamment au siège de Münster, à la bataille de Warbourg et à l'affaire de Johannisberg, dite des Salines, où il poussa une charge vigoureuse qui contribua puissamment à la victoire. Je ne sais ni comment ni pourquoi il se défit de la terre de Chauvance, mais elle ne lui appartenait plus dès avant 1789, et était passée dans la maison de Bosredon.

Il mourut au Plaix, près de Chamblet, le 16 nivôse an XII.

Marié deux fois, il avait épousé, en premières noces, par contrat du 28 janvier 1755, Marie-Gabrielle de la Mousse, fille de Nicolas, seigneur de Beaune, les Miniers, la Faye, et de Marie-Anne de Montaignac (Arch. Allier, B. 789). Elle lui apporta la terre des Miniers, paroisse de Saint-Pierre-Laval, à la lisière du Forez, et cette terre ne fut vendue par leurs enfants qu'en 1810. Elle lui apporta aussi la terre de la Faye, paroisse de Beaune. Elle mourut à Beaune, le 12 décembre 1769.

En secondes noces, Amable de Montaignac épousa, le 4 juin 1771, en l'église de Montluçon, Marie-Elisabeth Perrot d'Estivareilles, fille de Jean-Raymond, seigneur d'Estivareilles et de Chirat, lieutenant civil et criminel, châtelain de la châtellenie royale de Tizon, et de Jeanne Laurencel.

L'an 1775, il plaidait, par devant le présidial de Moulins, comme tuteur de ses enfants du premier lit, contre Nicolas des Magnoux, seigneur de Tourzel, oncle de sa première femme (Arch. Allier, B. 828).

Ses deux unions lui avaient donné un grand nombre d'enfants, comme on va le voir. De son premier mariage, avec Marie-Gabrielle de la Mousse, il eut :

1° Gilbert-Claude de Montaignac, né vers 1756, capitaine des vaisseaux du roi. Il fit les campagnes de l'Inde, sous les ordres du bailli de Suffren, et mourut sans avoir pris d'alliance, le 17 janvier 1816, à la Faye, paroisse de Beaune, chez sa sœur Jeanne.

2° Marie-Jeanne de Montaignac de Chauvance, née vers 1758, mariée, par contrat du 5 novembre 1776 (Arch. Allier, B. 792), avec Philippe Duvernet, dit de Montluc, écuyer, seigneur de Laleuf, paroisse de Bardais, Venoux, la Gossenière, etc., fils de Pierre et de Catherine de Barbarin. Veuve, le 16 mai 1815, elle mourut à Bardais, le 26 janvier 1822.

3° Gilbert-Amable de Montaignac de Chauvance, chevalier de Malte, commandeur de Villefranche, né le 19 novembre 1760, reçu de minorité le 1er mars 1772. Il fut inscrit, en 1792, sur la liste des émigrés.

4° Joseph de Montaignac de Chauvance, chevalier de Malte, reçu de minorité le 1er mars 1773.

5° Jeanne de Montaignac de Chauvance, laquelle, en 1816, habitait à la Faye, paroisse de Beaune, sans avoir pris d'alliance.

6° Marie-Christine de Montaignac de Chauvance.

7° Marie-Madeleine de Montaignac de Chauvance.

8° Alexandre, né le 2 décembre 1769, marié, en 1807, avec Anne-Claire de Chaudesaigue de Châteauvieux.

9° Marie-Anne de Montaignac de Chauvance, née à Beaune, le 15 février 1766, mariée, à Beaune également, le 18 janvier 1808, âgée de quarante et un ans, avec Jean-Joseph-Louis-Aimé de Lanthonye, âgé de trente-six ans, ancien officier au régiment d'Orléans-Infanterie, fils de Jean-Joseph, chevalier de Saint-Louis, et de Claude-Pétronille de Courtoux.

De son second mariage avec Elisabeth Perrot, il eut :

10° Jeanne-Bathilde de Montaignac de Chauvance.

11° Sophie de Montaignac.

12° Zoé de Montaignac.

13° Raymond-Aimé, auteur de la branche du Plaix.

14° Marie-Félicité de Montaignac de Chauvance, née vers 1781, morte sans alliance, aux Trillers, près de Montluçon, le 7 avril 1865, à l'âge de quatre-vingt-quatre ans.

15° Charles-Hippolyte de Montaignac de Chauvance, dit le chevalier de Montaignac, inspecteur des lignes télégraphiques, né vers 1785, mort avant 1862. Il épousa, en 1826, Jeanne-Antoinette de Damoiseau de Saleney, qui lui survivait encore en 1865. Il en eut une fille : Marie-Louise-Christine, née en 1830, mariée, à Paris, le 29 décembre 1862, à Léon-Joseph-Ambroise-Henry-Valentin, baron Cinglant de Créve-cœur, fils de Fidèle-Joseph et d'Alice-Octavie Mollière. Elle vivait encore, sans postérité, en 1875.

16° Cinq autres enfants morts en bas âge.

SEIGNEURIE DE SALLEBRUNE

Le voyageur, qui emprunte la voie ferrée de Gannat à Montluçon, aperçoit sur sa droite, après avoir passé la gare de Lapeyrouse, à environ trois kilomètres de cette gare et à trois cents mètres de la voie, une tour qui émerge d'un vaste corps de logis. C'est la tour du château seigneurial de Sallebrune.

Il ne reste de l'antique demeure des seigneurs de Sallebrune, que cette tour et quelques vieilles dépendances où l'on voit, encastrée dans les murs, une autre tour de la même époque, mais de dimensions plus restreintes. Le château actuel, construit sur l'emplacement de l'ancien, semble dater du commencement du dix-neuvième siècle ou, tout au plus, de la fin du dix-huitième. On accède au perron et à la vaste cour intérieure par un pont établi sur des fossés aujourd'hui à moitié comblés.

Derrière le château, existe une motte très ancienne, à l'aspect bien conservé, appelée la Mouthe ou la Moutée de Sallebrune, sorte de monticule boisé et entouré de fossés. Il serait intéressant de fouiller et d'étudier cette motte, qui semble avoir été l'emplacement d'une villa gallo-romaine, comme nous l'avons déjà dit au début de ce travail.

Le château, distant de trois kilomètres du bourg de Beaune, est entouré d'un panorama ravissant.

Les premiers seigneurs que nous trouvons à Sallebrune sont les de Beaucaire, alias Beauquaire, en 1509.

Le Bourbonnais compte peu de familles plus distinguées, plus anciennes et ayant fourni des personnages plus marquants à l'histoire locale et même à l'histoire de France. Cette famille est probablement, originaire du lieu de Beaucaire, sur la paroisse de Deux-Chaises, châtellenie de Murat, et elle possédait encore cette terre au commencement du seizième siècle, en 1506. Elle a rayonné et étendu ses possessions tout autour d'elle ; mais le foyer principal a été Deux-Chaises, Vernusse, Saint-Marcel-en-Murat, Beaune et leurs environs.

Nous ne nous occuperons que de ceux de ses représentants qui ont habité Beaune, les de Beaucaire, seigneurs de Sallebrune.

1506. — Jehan de Beaucaire, seigneur de Sallebrune, fut mis en possession de la terre de Buchepot, paroisse de Chantelle, par son épouse Anne de Chinières, (lettres patentes de Louis XII, obtenues en chancellerie le 22 août 1506).

1509. — Jacques de Beaucaire, écuyer, seigneur de Sallebrune, est nommé comme exécuteur testamentaire d'une fondation faite à l'église de Beaune par messire François Roussin, écuyer, seigneur de la Faye, paroisse de Beaune, dans son testament daté du 27 mai 1509.

Le même Jacques de Beaucaire est également

nommé, en 1498, dans le testament d'Antoine Roussin, seigneur de la Faye, frère du précédent.

1524. — Frère Anthoine de Beaucaire, prieur de Chantenay, possède la chapelle de Sallebrune, en l'église de Beaune, comme il appert de l'acte de fondation faite par Me Pierre de Poynat, archiprêtre de Montluçon, prêtre communaliste de l'église Saint-Agnan, de Beaune, qui laisse une somme pour édifier un appentis-sacristie, près de la chapelle du sieur prieur de Sallebrune (Arch. paroiss.).

1543. — Anthoine de Beaucaire, écuyer, seigneur de Sallebrune, est nommé exécuteur testamentaire de Messire Anthoine Fayet, prêtre communaliste de Saint-Agnan de Beaune (Arch. paroiss.).

1567. — Le 22 mai, Anthoine de Beaucaire, seigneur de Beaucaire et Sallebrune, se prit de querelle avec Anthoine des Mollins, seigneur de Villards, et, aidé de Paul de Beaucaire, son fils, et du garde-chasse Minard, tua le seigneur de Villards (Arch. paroiss.).

1585. — Isaac de Beaucaire, écuyer, est seigneur de Sallebrune et Liénesse. Il fut parrain, à Bressolles, le 24 septembre 1595, et, à Montluçon, le 23 juillet 1596. Il avait épousé, vers 1580, Marguerite, alias Marie d'Alègre, dame de Puyguillon, fille de Gaspard, seigneur de Viverols, Beauvoir, etc., chevalier de l'ordre du roi, et de Charlotte de Beaucaire de Puyguillon. Il mourut avant elle et elle se remaria, vers 1600, à Gilbert de Rollat, seigneur de Brugheas, dont elle devint également veuve dès avant le 26 avril 1626, date à laquelle elle fit une donation de 2.000 livres à sa fille du second lit (Arch. de l'Allier, B. 738).

D'après des Gozis, le suivant pourrait être son fils, tandis que Le Brun (dans son ouvrage sur Le

Veurdre) le mentionne, avec plus d'exactitude, je crois, comme fils de feu Anthoine de Beaucaire, seigneur de Beaucaire et de Sallebrune, et d'Anne de Sarazin (Arch. de l'Yonne).

I

Rodolphe de Beaucaire, écuyer, seigneur de Liénesse, les Aigues, Neuville, Sallebrune, Pomessant, etc., épousa, en 1604, par contrat passé à la Ronde, paroisse d'Hyds, le 9 février, Gabrielle de Chateaubodeau, fille de Gilbert de Chateaubodeau, écuyer, seigneur de la Garde, paroisse de la Celle, Monjouan, la Ronde, le Châtelard, et de Françoise de Costane.

Gabrielle a 9.000 livres de dot. Le paiement de cette somme fait l'objet d'une transaction, le 13 août 1613, entre ses frères François et Annet (Archives de famille).

En 1597, Rodolphe fut parrain de Rodolphe de Sacconyn, fils de Jérôme, baron de Bressolles. Vers 1605, il reçut en legs la terre de Neuville, paroisse de Neuvy-les-Moulins, de Christine de Beaucaire, veuve de Guillaume Olivier, qui semble avoir été sa tante. Il en fit reconstruire la maison, dont il fit un pavillon de chasse. Lui-même légua Neuville à sa fille Simonne, par testament du 10 juin 1622.

Il mourut bien avant sa femme, décédée elle-même le 1er janvier 1652, en son château de Sallebrune, et inhumée en l'église Saint-Agnan de Beaune, « proche le tombeau de messire de Liénesse, son fils, dans la chapelle de Sallebrune ».

Ils avaient eu de leur union :

1° Marien qui suit (II).

2° Simonne-Lionate de Beaucaire, dame de Neuville par le testament de son père. Elle épousa, par contrat du 19 septembre 1633, Charles des Boyaux, écuyer, seigneur de Colombier, paroisse de Saint-Aubin, et de Fontignoux, paroisse de Gipcy. Tous deux vendirent Neuville, le 5 janvier 1636, à Léonard Faverot, moyennant 4.000 livres de prix principal et 150 livres d'épingles.

II

Marien de Beaucaire, écuyer, seigneur de Liénesse, plaidait par devant le présidial de Moulins, en 1645, (Arch. Allier, B 17) et mourut à Beaune, au château de Sallebrune, le 23 février 1646.

Il avait épousé, vers 1635, Marie de Babutte. Celle-ci, devenue veuve, convola en secondes noces avec Séraphin du Mont, alias de Montron, chevalier de Saint-Michel, qu'elle perdit aussi dès avant 1665.

Du premier mariage, elle eut au moins :

1° Péronnelle-Anne de Beaucaire, baptisée en l'église de Beaune, le 28 août 1644, et qui eut pour parrain Annet de Chateaubodeau, sieur de Montjouan, la Garde, la Ronde, et pour marraine Gabrielle de Chateaubodeau, dame de Sallebrune, Beauquaire et autres places. Elle se maria, par contrat du 5 août 1659, à Claude de Bonneau, écuyer, seigneur de la Varenne, Montréal, Mars-sur-Allier, etc., gendarme de la garde du roi, fils de Jean et de Jeanne du Peyroux (Arch. Allier, B 745).

En 1665, elle plaidait contre sa mère par devant le présidial de Moulins (Arch. de l'Allier, B. 112).

Veuve, dès 1686, elle fit donation de 6.000 livres, le 10 août 1687, à Gabrielle Moutonnet, fille de feu

Claude, procureur du roi en l'élection de Saint-Amand (Arch. de l'Allier, B. 746).

Elle demeurait alors au château de la Varenne, paroisse de Cérilly, dont son mari lui avait laissé la jouissance. En 1698, elle fut inscrite à l'Armorial général et elle y déclara son blason ancien (Reg. Saint-Amand, n° 9).

2° Charles, qui suit (III).

III

Charles de Beaucaire, premier du nom, écuyer, seigneur de Liénesse, Saint-Agnan, les Noyers, etc., né à Beaune et baptisé en l'église de cette paroisse, le 17 octobre 1645, vivait en 1681, et était mort dès 1698. Il avait épousé Agnès Thévenin, fille de Jacques, seigneur du Chezal, Meslon, etc., et de Marie Badin. Ils eurent deux enfants :

1° Charles de Beaucaire, marié dès avant 1730, à Marie-Anne du Château ;

2° Jeanne de Beaucaire, mariée dès avant 1709, à Charles Le Roy de Carreau, écuyer, seigneur de Marcilly.

∴

En 1640, la terre et la seigneurie de Sallebrune passèrent, je ne sais comment, aux de Bressoles, en la personne de César de Bressoles, écuyer, seigneur de la Planche, le Vergnaud, Grosbois, Sallebrune, qui épousa, vers 1640, Françoise de Chateaubodeau, et mourut, le 4 novembre 1670. Il fut inhumé dans l'église d'Hyds.

De son union, il eut au moins deux enfants :

1° Charles de Bressoles, né en 1652, le 19 juillet. Il eut pour parrain Charles des Boyaux, écuyer, seigneur de Colombier, et pour marraine Péronnelle de la Souche. Il fut baptisé, le 8 février 1654, et mourut à Beaune, le 30 décembre 1675. Il avait épousé, peu de temps auparavant, Philippe-Guillemette de Crémaux, d'une famille noble du Mâconnais et du Lyonnais.

C'est lui qui vendit les terres de Sallebrune et de Villards à Jean des Bouis.

2° Pierre de Bressoles, écuyer, seigneur en partie de la Planche, né le 24 janvier 1656, baptisé le 13 février suivant et tenu sur les fonts par Pierre des Boyaux, écuyer, seigneur de Colombier, et par Marie de Saint-Maur. Il mourut et fut inhumé en l'église d'Hys, le 15 novembre 1670. Il était seigneur de la Fayolle.

*
* *

La famille des Bouis, originaire de Montaigut-en-Combrailles, était de la plus modeste extraction. Le nom des Bouis, Desbouis, Débouis est encore abondamment représenté dans le pays et dans les conditions sociales les plus diverses. Une branche a eu, à la fin du dix-septième siècle, une belle fortune. C'est celle qui a possédé Villards et Sallebrune, de la paroisse de Beaune. Elle est même parvenue à la noblesse par la possession d'une charge de trésorier de France au bureau de Moulins.

I

Jean Desbouis, marchand à Montaigut-les-Combrailles, pendant toute la seconde moitié du dix-septième siècle, est le premier qui soit connu par une existence un peu plus relevée que celle qu'avaient menée jusqu'alors ses modestes aïeux.

Son commerce paraît avoir prospéré, puisqu'il laissa à son fils une situation pécuniaire assez brillante pour lui permettre de se pousser dans le monde et d'acquérir, comme on le verra, plusieurs fiefs très considérables.

Jean Desbouis se maria vers 1640-1650, très probablement avec Catherine Bouchardon, dont nous trouvons l'acte de sépulture ainsi libellé dans les registres paroissiaux de Beaune.

« Le 27 août 1693, sépulture dans cette église, chapelle de Sallebrune, du corps de feu Catherine Bouchardon, en son vivant femme de Jean Desbouis l'aîné, du château de Villards. »

Il laissa de cette union un fils, Jean, qui suit (II).

II

Jean Desbouis, IIe du nom, seigneur de Sallebrune, Villards, le Pontet, etc, marchand à Montaigut, naquit vers 1640-1650. Il fit foi et hommage au roi, en 1689, pour les fiefs de Villards et de Sallebrune, paroisse de Beaune, récemment acquis de Charles de Bressoles, ensemble pour le fief du Pontet, paroisse de Franchesse. Il fut inscrit à l'Armorial général en 1699, mais négligea de se présenter et reçut, en conséquence, un blason d'office (Reg. Riom, n° 157). La mention de l'Armorial général prouve qu'à cette date, il habitait encore Montaigut et y faisait toujours le commerce.

Il épousa, vers 1670, Charlotte Bernard, qui mourut en 1723, lui laissant au moins deux fils :

1° Jean-Gilbert Desbouis, qui suit (III).

2° Jean-Baptiste Desbouis, écuyer, seigneur de Villards, Pérassier, les Montais, Sazeret, Sallebrune, en partie, etc., président trésorier de France au bureau de Moulins avant 1740, honoraire dès 1759. Né en 1682 environ, il acquit le fief et le château de Pérassier, près Néris, en 1712, de Claude Coiffier, écuyer, seigneur de Demoret, et de Thérèse de Culant de Pérassier, son épouse. Il en fit foi et hommage au roi, en 1713, en même temps que d'une dîme en la paroisse de Montvicq. Il s'acquitta du même devoir, l'an 1733, pour de menus cens en la paroisse de Périgny, châtellenie de Billy. Le 22 juin 1740, il obtint des lettres à terrier pour ses terres des Montais et de Sazeret (Arch. Allier, B 851), tout récemment acquises de la famille Farjonel.

En 1743, il prétendit avoir le droit, comme seigneur de Pérassier, de recevoir le pain bénit, à l'église de Néris, avant même l'abbé de Vatan, prieur de Néris, d'où un procès où il mit en cause le curé de la paroisse et le procureur fabricien. La cause fut évoquée au grand conseil. Il perdit son procès et le prieur eut son droit reconnu.

Le 30 janvier 1759, J.-B. Desbouis fonda un lit en l'hôpital Saint-Joseph, à Moulins (Arch. de l'Allier, B 774). Il mourut, en son château de Pérassier, près Néris, le 12 septembre 1767, âgé de quatre-vingt-cinq ans.

Il avait épousé, à une date que j'ignore, damoiselle Antoinette-Elisabeth Farjonel, dont il eut :

Jeanne-Marie Desbouis de Villards, qui épousa, le 5 août 1746, Antoine Le Noir, écuyer, seigneur d'Espinasse, Mirebeau, etc., fils d'Isaac, seigneur de Nade, et de Marguerite Lorne.

III

Jean-Gilbert des Bouis, seigneur de Sallebrune, Villards, le Pontet, Beaufort, etc., naquit vers 1672. Il fit foi et hommage au roi en 1708, pour les fiefs de Villards et de Sallebrune. Il s'acquitta du même devoir, pour le fief du Pontet, paroisse de Franchesse, en 1712 et 1717.

Inscrit à l'Armorial général en 1699, il se présenta et fit enregistrer son blason ancien (Reg. Moulins, I, n° 391).

En 1736, il soutenait procès, par devant le présidial de Moulins, contre François des Ages, seigneur de Guépoisson (Arch. de l'Allier, B 546).

Il mourut, à Sallebrune, le 17 octobre 1742, âgé de soixante-dix ans, et fut inhumé dans l'église de Beaune, en présence de ses gendres et de son frère, le trésorier de France (Arch. par.).

Il avait épousé, vers 1700, Marie-Elisabeth Pin, qui lui survécut et qui, le 16 janvier 1745, fit donation, à son fils Jean-Baptiste, seigneur de Sallebrune, de deux sommes, l'une de 1.200 livres, l'autre de 6.000 livres. (Arch. de l'Allier, B. 757 et 761).

Elle lui avait donné au moins :

1° Jean-Baptiste, qui suit (IV).

2° N., un fils, né le 26 novembre 1711, et décédé, le lendemain. (Arch. par.).

3° Marie-Charlotte, née le 23 décembre 1713, mariée, le 23 novembre 1734, en l'église de Beaune, avec Nicolas-Charles Granchier d'Uclade, conseiller du roi, receveur des consignations de la sénéchaussée et siège présidial de Riom, fils de messire Charles Granchier, ancien receveur des dites consignations et de dame Annie Charpentier, habitant la ville de Riom, paroisse de Saint-Amable.

La bénédiction nuptiale leur fut donnée par messire Desbouis, prêtre, curé de Servant.

4° Marie-Elisabeth, née à Beaune, le 30 mai 1718, mariée, dès avant 1742, à Gabriel-Dieudonné Damours, conseiller au présidial de Moulins, lequel signa à l'acte de décès de son beau-père, en 1742, et mourut lui-même en 1766.

5° Suzanne, née le 23 avril 1721, à Beaune, et dont j'ignore le sort.

6° Antoinette-Elisabeth, née à Beaune, le 28 juillet 1723, et mariée le 27 novembre 1741, en la chapelle Babutte, paroisse de Saint-Jean de Moulins, avec Nicolas Barraud.

IV

Jean-Baptiste des Bouis, seigneur de Sallebrune, Beaufort, le Pontet, etc., conseiller du roi, lieutenant particulier en la sénéchaussée du Bourbonnais et siège présidial de Moulins, naquit en 1707, le 15 juillet, à Beaune, où il eut pour parrain Jean des Bouis et pour marraine Gilberte-Ursule Tridon.

En 1720, il était, d'après des Gozis, fermier de la châtellenie de Murat, ce qui me paraît extraordinaire, étant donné qu'il n'avait que treize ans à cette date...

Installé dans sa charge de lieutenant particulier au présidial, le 16 mars 1731, il fut maire de Moulins, en 1739 et 1740, et, une seconde fois, en 1749. Ayant cédé sa charge de lieutenant à son fils, le 22 janvier 1774, après quarante-trois ans de service, il obtint des lettres d'honorariat et de vétérance, le 19 mars de la même année. (Arch. de l'Allier, B. 854).

Il vivait encore, le 4 septembre 1776. Il eut, d'une

alliance que j'ignore : Jean-Baptiste des Bouis, deuxième du nom, seigneur de Sallebrune, lieutenant particulier, en succession de son père, et qui exerçait encore le 14 mars 1789.

Des Gozis croit que le suivant était frère de Jean-Baptiste des Bouis, trésorier de France :

Anthoine des Bouis, ancien conseiller du roi, seigneur de Beaufort et autres terres, prévôt sénéchal du Bourbonnais, le 28 décembre 1709, lequel aurait eu pour fille, d'une union inconnue :

Gilberte des Bouis de Beaufort, qui épousa messire Jean-Baptiste-Ignace Vernoy de Montjournal, président trésorier de France au bureau des finances de la généralité de Moulins.

Anthoine des Bouis ne m'est connu que par l'acte de décès de Marie Péret, dame de Beaufort, inhumée le 17 février 1723, en l'église de Beaune, à la diligence de messire Antoine Desbouis, seigneur de Beaufort (Arch. par.). Marie Péret pourrait être ou sa belle-mère ou sa femme ?...

*
* *

Après la Révolution, Sallebrune appartint à la famille de Collasson, en la personne de Gilbert-Henri-Edouard de Collasson, né vers 1784 et mort le 24 octobre 1858.

La famille de Collasson est originaire du Berry et des environs de Dun-le-Roi.

I

Pierre Collasson, premier du nom, seigneur de Coquerlande, près de Dun-le-Roy, vivait en 1520, date du mariage de son fils auquel il assista. Il avait épousé, dès avant 1500, Honorine Hesmal, *alias* Esmalle, dont il eut, au moins, un fils, qui suit (II).

II

Etienne Collasson, seigneur de Coquerlande, prévôt de Dun-le Roi, en 1542. Il épousa, le 17 mai 1520, Anne Paulin, d'une famille de Bourges, anoblie par l'échevinage. Sa femme et lui étaient morts dès avant 1584. Ils eurent, de leur union, au moins :

1° Pierre, qui suit (III).

2° Ozanne Collasson, mariée par contrat du 21 avril 1582, à Jean Bengy, fils d'Etienne et de Marguerite Périchat [1].

III

Pierre Collasson, deuxième du nom, procureur du roi en la châtellenie de Dun-le-Roy, fut installé en cette charge le 23 août 1557. Il l'exerçait encore, en 1593, mais y était remplacé par Jean Joing, dès 1595. (La Thaumassière).

Il fut amené en Bourbonnais par son mariage. Il épousa, en effet, par contrat du 6 mai 1584 :

Gilberte des Fontys, dame des Fontys (paroisse d'Hyds), en la châtellenie de Murat. Tous deux étaient morts dès 1611, laissant au moins un fils, Jacques, qui suit.

IV

Jacques Collasson, seigneur de Fontys, y demeurant, né vers 1585. Il mourut avant le mariage de

(1) Des Gozis fait remarquer, avec raison, que si ces deux enfants sont bien nés d'Etienne et d'Anne Paulin, mariés en 1520, il est fort étrange qu'ils ne se soient mariés respectivement qu'en 1582 et 1584 Il doit y avoir un degré de sauté probablement.

son fils, et sa femme était décédée dès avant le 26 avril 1651. Il avait épousé, le 28 avril 1611, Catherine de la Garde, fille de Philippe, écuyer, seigneur de la Vault, et de Jeanne Urban. De cette alliance naquit, au moins :

1° Toussaint, qui suit (V).

2° N. Collasson, fils, vivant encore le 26 avril 1651, date à laquelle il passa, avec son frère Toussaint, une transaction sur la succession de leurs père et mère.

3° Jacqueline, mariée en 1627, à François Michel, notaire royal à Doyet, procureur en la justice de Bord, qui vivait encore en 1655.

4° Catherine, laquelle fut marraine d'une fille de son frère Toussaint, en 1653.

5° Antoinette, mariée, dès 1649, à Patrocle Deshoulières, *alias* Desholières, archer des gabelles à Montaigut-en-Combrailles.

Le 31 août 1650, elle eut un fils, qui fut tenu sur les fonts, en l'église de Montluçon, par Toussaint Collasson, frère germain de la mère, assisté de François Michel, notaire royal et procureur, son beau-frère.

V

Toussaint Collasson, seigneur de Fontys, fut baptisé, le 12 avril 1618. Il figure dans un acte de fondation du 9 avril 1650 et dans une transaction avec son frère du 26 avril 1651. Il vivait encore, le 20 mars 1692, et avait épousé, le 11 février 1651, Madeleine de Chateaubodeau, fille d'Annet, seigneur du Chatelard, la Garde, la Valette, etc., et de Gilberte de Chalus de la Brosse.

Ce mariage donna au moins :

1° Louis, qui suit (VI).

2° Gabriel, né le 23 décembre 1657, tenu sur les fonts baptismaux par Gabriel de Monestay, seigneur des Forges, et par Péronnelle de Beaucaire, dame de Puyguillon.

3° Gilbert, né le 9 mai 1658. Il eut pour parrain Pierre des Chèzes, seigneur du Chezeau, et pour marraine Gilberte Girard.

4° Catherine, née en 1653.

5° Antoinette, née en 1654.

6° Marguerite, *alias* Gilberte, née en 1655, mariée à Beaune, en 1693, à François Le Chevalier, seigneur des Naux, fils d'Etienne Le Chevalier, seigneur de la Chasseigne, et de Pétronille de Bonnille, habitant Louroux-de-Beaune.

VI

Louis Collasson, seigneur de Fontys, né vers 1656, vendit une terre, le 3 juin 1697. Compris à l'Armorial général en 1698, il comparut et déclara son blason ancien (Regist. Montluçon, n° 77).

Il fit un testament, le 31 octobre 1715, et mourut peu après. Sa femme lui survivait encore, le 18 septembre 1730. Il avait épousé, le 20 mars 1692, Marie-Madeleine de La Loëre, dont il eut, au moins, Pierre, qui suit (VII).

VII

Pierre Collasson, seigneur de Fontys, né vers 1695-1700, figure dans différents actes de constitution de rentes, des 27 mars 1747, 2 janvier 1752, 8 mars 1753, etc. Il vivait encore, le 12 janvier 1778, jour du mariage de son fils, auquel il assista. Il avait épousé, le 8 janvier 1730, Marguerite de Bressoles, fille de César-Gilbert, écuyer, seigneur du Vergniaud, (paroisse d'Hyds), et de Marie-Anne Achard.

De cette union, naquit au moins : Louis-Aymé de Collasson, qui suit (VIII).

VIII

Louis-Aymé de Collasson, écuyer, seigneur de Fontys, fut baptisé, le 16 mai 1737. Il entra dans la garde du roi. Capitaine, puis major de cavalerie, maréchal des logis des gardes du corps de Monsieur, frère du roi, chevalier de Saint-Louis, à la date du 8 août 1779, il obtint le brevet de sous-lieutenant porte-étendard des gardes du corps de Monsieur, le 6 juillet 1783.

Il mourut à Hyds, le 15 août 1786. Il avait épousé, par contrat du 12 janvier 1778, Marie-Suzanne-Ursule Chomet *alias* Chaumet (Arch. Allier, B. 793), fille d'Antoine Chaumet, conseiller du roi, receveur de la maitrise des eaux et forêt de Montmarault, et de Marie-Gilberte Cluzel. Le mariage religieux fut célébré, le même jour, en l'église de Beaune. De cette union, il naquit au moins cinq enfants :

1° Alexandre-Louis, qui suit (IX).

2° Gilbert-Félix, auteur de la branche de Civray (IX *bis*).

3° Gilbert-Henri-Edouard, né vers 1784, mort à l'âge de soixante-quatorze ans, le 2 octobre 1858. il habitait le château de Sallebrune, paroisse de Beaune, et avait épousé, vers 1810-12, Marie-Anne-Delphine de la Roche, qui mourut, elle-même, à Sallebrune, le 24 novembre 1853.

Elle lui avait donné deux enfants :

a) Françoise-Anna de Collasson, née le 24 février

1814, mariée, le 21 septembre 1835, à Jules-Alexandre des Mazis, fils d'Henri-Victor-Chrétien des Mazis, et de Victoire-Françoise-Alexandrine de Charette de la Colinière.

b) Marie-Thérèse de Collasson, née le 25 octobre 1819; mariée, le 7 janvier 1840, à Alphonse-François des Mazis, lieutenant au 6e chasseurs à cheval, frère du précédent.

Marie-Thérèse de Collasson mourut sans postérité, le 19 juin 1905, et fut inhumée à Beaune, au milieu d'un grand concours de fidèles reconnaissants de son immense charité. Elle laissa, par testament, sa propriété de Sallebrune à la famille de la Celle des Guillaumais, qui la vendit, presque aussitôt après, à différents propriétaires voisins. Actuellement, le château de Sallebrune et une partie du domaine en dépendant appartiennent à la famille Auguste Perrin, de Beaune.

4° Agathe de Collasson, mariée, dès avant 1805, à Charles Le Bel de Bellechassagne, fils de Gilbert, écuyer, seigneur de Bellechassagne, la Voreille, les Martres, etc., et de Marie-Marguerite de Louan.

5° Madeleine-Lucile de Collasson, mariée, dès avant le 23 janvier 1823, à Denis-Joseph Chomel de Boisgirard, ancien maréchal des logis aux gardes du corps du roi, chevalier de Saint-Louis et de la Légion d'honneur.

IX

Alexandre-Louis de Collasson, né à Hyds, le 20 février 1780, et baptisé le lendemain. Il habita son château des Guillaumais, paroisse de Beaune, pendant toute la durée de l'Empire.

A la Restauration, en 1815, il fut nommé maire de

Beaune. Il mourut aux Guillaumais, le 20 juillet 1837. Il avait épousé, à Villefranche, le 22 pluviôse an XIII (11 février 1805), Anne-Luce Michelon du Chollet, fille de Martin et de Marie-Gabrielle Daubertet. Il en eut, au moins :

1° Madeleine-Irma, née le 15 février 1813, mariée, le 13 octobre 1835, à Paul-Eugène, vicomte de la Celle, fils de Sylvain et d'Antoinette-Clotilde de Loubens de Verdalle.

Elle lui apporta, après la mort de tous ses frères et sœurs, le château et la terre des Guillaumais. Elle mourut jeune. Paul-Eugène de la Celle prit une seconde alliance, le 28 septembre 1847, avec Jeanne-Marie de Sainsbut des Garennes.

2° Henri-Adrien de Collasson, né le le 20 février 1814, mort à Montpellier, le 6 janvier 1834.

3° Louis-Henri de Collasson, né vers 1809, mort le 8 juin 1833, âgé de vingt-quatre ans.

4° Anne-Caroline, née vers 1811, morte à Montpellier, le 22 mars 1834.

5° Agathe-Alexandrine, née le 22 février 1806, mariée, le 31 juillet 1832, à Antoine-Henry de Revanger, fils de Nicolas-Geoffroy et de Marie de la Codre. Veuve dès 1836, elle mourut, le 23 mai 1837.

IX *bis* (Branche de Civray)

Gilbert-Félix de Collasson, fils cadet de Louis-Aimé et de Marie-Suzanne-Ursule Chaumet, naquit vers 1783. Il habita Civray, paroisse de Louroux-Hodement, dont il fut maire depuis 1812 jusque sous la Restauration.

Il épousa, vers 1808, Claire, *alias* Marie Cluzel de Sauget, fille d'Alexandre-François, écuyer, receveur des tailles, et de Marguerite-Anne-Angélique de la Bruyère. Elle lui apporta la terre de Civray.

De ce mariage naquirent :

1° Marguerite-Félicie, née le 2 février 1810.

2° Eustache, qui suit (X).

3° Luce, née le 11 novembre 1812.

4° Céline de Collasson de Fontys, mariée, le 8 mai 1837, à Jean-Ferdinand, vicomte de la Celle, fils d'Annet-Jean-Baptiste et de Marie-Anne-Florentine de Maumont.

5° N. de Colasson de Civray (peut-être la 1re ou la 3e), mariée, dès 1835, à Félix Le Bel de Bellechassagne, son cousin germain, fils de Charles et d'Agathe de Collasson.

X

Eustache de Collasson, né à Montluçon, le 27 janvier 1811, habita son château de Civray, où il mourut, le 29 janvier 1877.

Il avait épousé Claire-Aimée, *alias* Clara-Edmée de la Saigne Saint-Georges, fille de Joseph de la Saigne, chevalier de Saint-Louis, et de Marie-Azeline Aucapitaine. De ce mariage naquirent :

1° Félix, qui suit (XI).

2° Joseph, marié, dès avant 1869, à N. Le Roy de Chavigny, fille d'Ernest, habitant de Moulins.

Il en eut un fils, René de Collasson, mort avant 1897.

XI

Félix de Collasson, propriétaire de Civray, y habitait en 1903. Il avait épousé, le 22 juillet 1867, Thérèse Le Roy de Chavigny, fille d'Ernest, dont il eut deux fils :

1° Pierre-Marie-Joseph, né en 1869, marié, le

9 juin 1896, à Madeleine de la Saigne de Saint-Georges, fille du comte Albert et de Bathilde Alamargot de Villiers. Il mourut, le 19 avril 1897, au château de Civray, sans avoir eu postérité. Sa veuve prit une seconde alliance, en octobre 1906, avec Guy, vicomte de Montaignac de Chauvance.

2° Stéphane de Collasson, né après 1869 ; marié, le 6 avril 1904, à Aliette de Vélard, fille de N., vicomte de Vélard, et de N. de Senevas. Lieutenant de réserve au 14e dragons au moment de la guerre, il passa sur sa demande dans l'infanterie et fut tué, le 25 septembre 1915, à Souain, comme capitaine au 42e d'infanterie.

La Seigneurie du Mazeau

La terre et maison forte du Mazeau n'est pas mentionnée à Beaune par Nicolay dans sa *Générale Description du Bourbonnais*, en 1569. Probablement, elle était de peu d'importance à cette époque et aucun seigneur n'y avait établi son fief.

Elle est située en bordure de la route de Beaune à Hyds, à quinze cents mètres du bourg de Beaune et face à la seigneurie de Villards.

Elle consiste en trois domaines et un château, entouré encore de fossés du côté sud-est. On y remarque une tour isolée, qui peut dater du dix-septième siècle. L'habitation n'offre rien de particulièrement intéressant. C'est une sorte de grande villa récente, ressemblant à un chalet normand et sans aucun cachet.

Nous y trouvons comme propriétaires :

1580 : Estienne Martin, époux de Jehanne Guilhomyn, seigneur du Mazeau, qui, par contrat reçu Mazuel, notaire royal, vendit à François de Bressoles, écuyer, seigneur de la Planche, et à damoiselle Marguerite de Chaslus, sa femme, le mas des Issards, paroisse d'Hyds, avec les cens, dîmes et droits de directe seigneurie portant tous droits de lots et ventes, selon la coutume du pays. (Arch. par.)

1650 : René de Saint-Martin, écuyer, seigneur du Mazeau, Villards, etc., époux de damoiselle Suzanne du Mont. (Voir seigneurie de Villards.)

De leur union, ils eurent au moins :

1° Jehan de Saint-Martin, décédé et inhumé à Beaune, le 26 octobre 1653.

2° Joseph de Saint-Martin, né à Bellenaves, le 25 novembre 1661, et baptisé à Beaune, le 28 juillet 1662.

3° Gabrielle de Saint-Martin, baptisée à Beaune, le 18 mai 1664, et qui eut pour parrain Louis de Chambon, chevalier, seigneur des Ternes, et pour marraine Gabrielle de Sarre, dame de Sarre et Talayat.

4° Sébastien de Saint-Martin.

5° Charles de Saint-Martin.

6° Marie de Saint-Martin.

7° Catherine de Saint-Martin.

∴

Après les Saint-Martin, la terre et la seigneurie du Mazeau passèrent dans la famille de Chambaud de Jonchère, *alias* Jonchière, par le mariage de François de Chambaud, seigneur de Jonchère, avec Gabrielle de Saint-Martin, fille de René de Saint-Martin et de Suzanne du Mont.

Gabrielle apporta à son mari la terre du Mazeau.

La famille de Chambaud est originaire du Vivarais.

Elle passa par l'Auvergne, se fixa, un peu plus d'un siècle, en Bourbonnais ou ses confins : Beaune, Bellenaves, Valignat, La Lizolle, Hyds, Terjat, Arpheuilles, Marcillat, etc., et descendit dans le Périgord où elle habitait au dix-neuvième siècle.

Elle tenait un rang distingué dans son pays d'origine et semble pouvoir se réclamer d'une extraction noble de haute ancienneté. En tout cas, plusieurs Chambaud ont fait leurs preuves, par devant d'Hozier, pour être admis aux pages du roi et aux écoles militaires, ce qui atteste une noblesse antérieure à 1500.

Plusieurs de ses membres, en Bourbonnais, ont porté uniquement le nom de Chalouze, qui était le nom primitif de la famille de Chambaud, branche de Chalouze, paroisse de la Lizolle.

Ils étaient, en Bourbonnais, seigneurs de Chalouze, de Lormet, paroisse de Valignat; Montignat, paroisse de Servant en Auvergne ; Jonchère, *alias* Jonchière, paroisse de Saint-Bonnet-Tizon ; le Mont, paroisse de Terjat ; la Garde, paroisse de la Celle ; Arginy, paroisse de Bizeneuille ; Cornassat, le Mazeau et Villards, paroisse de Beaune.

I

François de Chambaud, écuyer, seigneur de Jonchère, le Mont, etc., né vers 1650-1660, était le fils de Martin de Chambaud et d'Anne de Sarrazin.

En 1690, il fut convoqué à l'arrière-ban du Bourbonnais, pour la châtellenie de Montluçon. En 1698, il fut inscrit à l'Armorial général, comparut et déclara son blason ancien (Reg. Moulins, n° 274).

Il mourut à Beaune, le 8 janvier 1708.

Il avait épousé, vers 1682, Gabrielle de Saint-Martin, dont il eut :

1° Martin de Chambaud, né et baptisé à Beaune, le 17 avril 1684, et qui eut pour parrain messire Martin de Chambon, seigneur de Lormet, et pour marraine dame Catherine de Guines.

Il épousa, à Beaune, le 29 octobre 1720, damoiselle Madeleine Chevalier (Arch. par.). Des Gozis lui donne pour épouse (probablement en secondes noces), par contrat du 6 janvier 1738, Marie de Méchatin, veuve de Jean Mangot, seigneur de Villaine (Arch. de l'Allier, B. 754).

2° Marie-Elisabeth, née et baptisée à Beaune, le 7 octobre 1688, et qui eut pour parrain Charles de Chambaud, écuyer, seigneur de Montignat, et pour marraine damoiselle Marie-Elisabeth de Chambon, damoiselle de Marcillat.

3° Marie-Anne, née le 8 septembre 1692, et qui eut pour parrain Jacques de Chambon, chevalier, seigneur de Marcillat et Puyclaveau, et pour marraine Marie de Chambon, femme du Bouys. Elle se maria, en l'église de Hyds, le 2 janvier 1740, avec Pierre Gaultier, brigadier de cavalerie aux armées du roi. Veuve dès avant 1751, elle fait donation, en 1746 ou 1747, d'une maison, sise à Ladoue, paroisse de Beaune, à ses nièces Marie, Louise, Marie et autre Marie de Chambaud.

Le 24 août 1751, elle fait une seconde donation de biens à son neveu Jean-Baptiste et à ses nièces, Marie, Gabrielle et Marie. (Arch. de l'Allier, B. 767.)

Elle mourut à Beaune le 30 juillet 1759.

4° Gilbert, qui suit (II).

5° Gabriel-François, né au Mont, paroisse de Terjat, le 24 novembre 1697.

Il eut pour parrain François-Gabriel de Chambon, chevalier de Malte, et pour marraine Marie de Chavagnat de la Pérouse.

Ancien garde du corps de S. M. le roi de Pologne, veuf de dame Marie-Thérèse Griffard, il mourut au Mazeau, paroisse de Beaune, le 7 juillet 1769.

6° Marie, née au Mont, en 1698, épousa, à Beaune, le 22 novembre 1730, François Girouard, commis aux aides, domicilié à Montmaraud, fils de Jean Girouard du Bouchet et de Pétronille Georgeon.

Elle vivait encore le 22 juillet 1754.

7° Nicolas, né au Mont, en 1700, seigneur de Condat, officier d'infanterie, lequel mourut avant le mois de mars 1751.

Il avait épousé, vers 1732, Françoise-Rosalie Chopin, de la paroisse de Beaune, laquelle lui survivait encore en 1783.

Elle lui avait donné deux filles :

a) Marie-Gabrielle de Chambaud de Condat, que nous voyons marraine, à Beaune, le 7 mars 1751. Peut-être est-elle la même que la suivante (?).

b) Marie-Elisabeth, née et baptisée à Beaune, le 16 septembre 1733, qui épousa, dans cette même paroisse, le 25 novembre 1783, Gilbert Cousin de Jeux, fils de Gilbert et de Marie-Elisabeth Girouard, de la paroisse de Deneuille. Ils eurent une fille, Françoise-Rosalie, baptisée à Beaune, le 13 décembre 1784, et mariée, en 1803, à F. Stinger, instituteur.

8° Marthe, née au Mont, en 1702, mariée, le 12 mai 1740, à Jean Bougerol, originaire de la Petite-Marche; d'où une fille.

9° Marien, né au Mont, le 4 mars 1705, écuyer, seigneur de la Garde, Arginy, etc., capitaine au régiment de Thiange, en 1746. Il assiste à l'enterrement de sa sœur Louise, en 1738. Le 22 février 1758, il assiste, à Montmaraud, aux obsèques de Jean de la Brosse. Il avait épousé Marie Turpin, qui fut marraine à Beaune d'un de ses neveux, le 19 septembre 1746.

10° Marie-Louise, née et baptisée à Beaune, le 29 mars 1707, qui eut pour parrain Louis de Saint-Martin, et pour marraine Marie de la Mousse.

Elle mourut, à trente et un ans, sans alliance, et fut inhumée dans l'église de Beaune, le 20 février 1738, en présence de Guillaume et de Marien de Chambaud,

11° Guillaume de Chambaud, seigneur en partie de Chalouze, présent à l'enterrement de sa sœur Louise, le 20 février 1738, ainsi qu'on vient de le voir.

II

Gilbert de Chambaud, né au Mont, le 6 mars 1694, et mort, à Beaune, le 30 janvier 1773, âgé de quatre-vingts ans, fils de François de Chambaud et de Gabrielle de Saint-Martin, écuyer, seigneur de Jonchère, le Mont, Cornassat, le Mazeau, etc., garde du corps du roi. Il épousa, vers 1733, Françoise Varin, d'une famille bourgeoise de Beaune et dont le père était notaire royal dans cette paroisse. Le mariage eut lieu, le 15 janvier 1733, en l'église de Malicorne. Elle lui donna, de son union :

1° Gilbert, né et baptisé à Beaune, le 7 février 1734, qui eut pour parrain Gilbert Siramy et pour marraine damoiselle Marie-Elisabeth de Chambaud de Jonchère. Il mourut, le 15 février même année 1734.

2° Autre Gilbert, né et baptisé à Beaune, le 7 juin 1735, qui eut pour parrain Gilbert Varin, fils de Jacques, et pour marraine Marie Fournier, épouse de messire Antoine Rigal. Il mourut à Beaune, le 17 mars 1739.

3° Jean-Marien, né et baptisé à Beaune, le 28 août 1736. Parrain Jean-Marien de Chambaud et marraine damoiselle Marie-Elisabeth de Chambaud.

4° Jacques, né et baptisé à Beaune, le 24 octobre 1737.

5° Jeanne, née et baptisée à Beaune, le 14 janvier 1739.

6° Marie, née et baptisée à Beaune, le 16 septembre 1740, et décédée dans cette même paroisse, le 31 juillet 1744.

7° Jean-Baptiste de Chambaud, né et baptisé à Beaune, le 12 septembre 1741. Parrain messire Jean-Baptiste de Chambon, chevalier, seigneur de Marcillat, et marraine damoiselle Jeanne de Chambon.

Il épousa, par contrat du 26 juillet 1759, Marie-Eléonore Gaulmin de la Goutte (Arch. de l'Allier, B. 774).

8° François de Chambaud, né et baptisé à Beaune, le 27 septembre 1743. Parrain François Girouard du Bouchet, procureur du roi des eaux et forêts en la maîtrise de Montmaraud, et marraine damoiselle Marie-Françoise Perrier, veuve de feu Pierre Girouard, greffier du domaine.

En 1789, il est officier au régiment de la Guadeloupe. Il émigra en 1792 et ses biens furent vendus nationalement. Ses meubles et ceux de son frère produisirent 2.295 livres. Les immeubles de Beaune furent acquis : le Mazeau, par Nicolas Genty, au prix de 22.000 livres ; Cornassat et la réserve, par la veuve Chambaud, sa mère, au prix de 38.200 livres.

A la Restauration, il lui fut alloué une indemnité de 2.663 francs et 92 centimes. (Cornillon.)

9° Estienne de Chambaud, né et baptisé à Beaune, le 4 novembre 1744. Parrain messire Estienne de la Roche de Robinière et marraine damoiselle Catherine de Chambaud, épouse du sieur Girouard, procureur du roi en la maîtrise des eaux et forêts de Montmaraud.

10° Nicolas, né et baptisé à Beaune, le 19 septembre 1746. Parrain Nicolas de la Mousse, chevalier, seigneur de Beaune, les Miniers, la Faye et autres terres, et marraine dame Marie Turpin, épouse de messire de Chambaud de la Garde, capitaine au régiment de Thiange.

11° Gilberte, née et baptisée à Beaune, le 4 octobre 1747. Parrain Jean Varin, fils de feu Jacques Varin, et marraine Gilberte Varin, fille de feu messire Jacques Varin. Elle épousa à Beaune, le 18 juin 1781, Annet de Barre, écuyer, seigneur de Châteaujaloux, Lacombe, etc., ancien lieutenant d'infanterie au régiment de Quercy, veuf de dame Marie-Thérèse Martin de Saint-Prié, de la paroisse de Saint-Quintin, fils d'Estienne de Barre, seigneur de la Garde, et d'Anne de Pralois.

12° Toinette de Chambaud, née et baptisée à Beaune, le 10 octobre 1749. Parrain messire François de Durat, brigadier des gardes du corps de Sa Majesté, écuyer, seigneur du Ludaix, de la paroisse de Marcillat, et marraine damoiselle Antoinette de Durat, sœur germaine dudit sieur de Durat.

*
* *

Nous trouvons, vers 1831, la terre du Mazeau possédée par la famille Martin de Frémont, en la personne d'André-Achille Martin de Frémont.

La famille Martin de Frémont semble originaire de Normandie. Elle était venue en Bourbonnais à la suite du Connétable de Bourbon et s'était fixée à Chantelle, où un de Frémont était officier du Connétable au château de Chantelle.

J'emprunte à C. Grégoire ses notes sur les de Frémont.

Jean Martin, écuyer, sieur de Frémont, avocat en parlement et demeurant à Gannat, épousa Marguerite Bonnelat, d'une ancienne famille de la châtellenie de Chantelle, qui eut de nombreux représentants en cette ville et surtout à Charroux. Marguerite Bonnelat possédait des terres à Cueillat, paroisse d'Etroussat, avant 1657.

Jean-Joseph Martin de Frémont, écuyer, sieur de la Tour, paroisse d'Etroussat, chevalier de Saint-Louis, porte-étendard des gardes du corps, compagnie d'Harcourt, décéda en son manoir de la Tour, le 5 novembre 1751, âgé de quatre-vingts ans.

Pierre-Joseph Martin de Frémont, fils du précédent, écuyer, chevalier de Saint-Louis, major au régiment de Saintonge, lui succéda à la Tour, et épousa, le 15 septembre 1767, en la chapelle du château d'Aigrepont (Bressolles), Marie-Gervaise Vernin d'Aigrepont, dont il eut :

1° Vincent Martin de Frémont, né le 6 juin 1772, et dont le parrain fut Vincent Barin, seigneur et marquis de la Galissonnière, des Ruillers (Saint-Bonnet-de-Rochefort), des Granges et des Forges (Taxat-Senat), et la marraine Catherine Lebreton, douairière d'Aigrepont.

2° Pierre Martin de Frémont, né le 8 juin 1773, dont le parrain fut Pierre Vernin d'Aigrepont, écuyer, trésorier général des finances au bureau de Moulins. Il avait succédé dans cette charge, le 19 août 1754, à son père, Jacques, seigneur d'Aigrepont, époux de Catherine Lebreton. La marraine fut : Marie-Josèphe Geoffroy, veuve de messire Joseph-Marie de la Boulaye de Marillat, seigneur de la Grand-Font.

3° André-Achille Martin de Frémont, né le 21 janvier 1777, et dont le parrain et la marraine furent les mêmes que ceux de son frère Pierre.

Pierre Martin de Frémont mourut à la Tour, le 23 mars 1779, à l'âge de cinquante-deux ans environ. La Tour appartint à sa veuve et à ses deux enfants, Vincent et André-Achille. Le premier, officier à quinze ans, au régiment de Piémont-Infanterie, ayant émigré en 1791, sa part de l'héritage paternel fut saisie et vendue au profit de la Nation. En 1793, les terres de la mère furent aussi saisies et vendues, quand cette dame fut condamnée à mort pour avoir correspondu avec son fils, émigré.

Une partie des biens fut rachetée, par des intermédiaires dévoués et fidèles, pour le compte du second fils de Frémont, notamment par Jean Roy, qui avait remplacé comme tuteur Amable de Fontanges de la Faulconnière, émigré.

André-Achille, ayant sauvé les débris de son patrimoine, épousa, en l'an IV, Marie-Rose Secrétain de Neuville, fille de Jean et de Catherine de Chateaubodeau. Il en eut trois enfants, nés à Cueillat, et dont un seul survécut : Marguerite-Julie, qui se maria avec un cousin, Achille-Pierre Vernin d'Aigrepont. Ce sont les grands-parents de la propriétaire de Cueillat, Mme Durieu de la Carelle.

Vincent rentra en France, en 1801, après avoir été

lieutenant au régiment d'Enghien. (C. GRÉGOIRE, *Le Canton de Chantelle.)*

Il se maria, le 14 février 1803, avec Marie-Madeleine Seguin du Bouchat, nièce de M. de Bressoles, seigneur de la Planche, et devint propriétaire de cette terre. Il rentra au service et mourut, en 1817, d'un accident de cheval. Il était chef d'escadrons au régiment des chasseurs de l'Orne. De son union avec Marie-Madeleine Seguin du Bouchat, décédée à Hyds, le 13 février 1864, âgée de quatre-vingt-un ans, il avait eu deux enfants :

1° André-Achille, né le 1er septembre 1805, mort à Beaune, au château du Mazeau, le 18 septembre 1887. Il avait épousé, en 1831, aux Escures, paroisse de Saint-Didier-en-Rollat, Anne-Armandine Rochette de Lempdes, qui mourut le 29 août 1891.

2° Andriette de Frémont, morte à la Planche, de Hyds, en 1839, à l'âge de vingt ans.

André-Achille de Frémont, marié sous le régime dotal, acheta, en remploi de la dot de sa femme, la propriété du Mazeau, qui appartenait à M. Aufauvre, percepteur à Montmarault.

De son mariage, André-Achille eut quatre enfants :

1° Michel-Aristide de Frémont, né le 1er septembre 1837, et décédé à Virlet (Puy-de-Dôme).

2° Pierre-Achille, né le 5 septembre 1841, habitant à Périgueux.

3° Michel-Joseph, époux de Jeanne-Berthe Abord, dont il eut deux enfants :

a) Marie-Alix de Frémont, née le 26 février 1867, et décédée.

b) Jean-Marie-Edmond de Frémont, né à Beaune,

le 25 janvier 1869, marquis de Frémont, domicilié à Courterolles, près Guillon, dans l'Yonne.

4° Armandine de Frémont, qui épousa, à Beaune, le 18 juillet 1859, François Petitier, notaire à Louhans, fils d'Hubert Petitier, juge au tribunal d'Autun, et de Marie-Eugénie Gautherin.

La propriété du château et de la terre du Mazeau fut vendue, vers 1900, et achetée par Mme Dumontet, dont le gendre, M. Jeannot, est propriétaire du grand moulin des Trillers, près de Montluçon.

LES MAISONS DES JOBERTS ET DES GUILLAUMAIS

Pour compléter ce travail sur les seigneuries de Beaune, il nous reste à parler de trois familles ou maisons importantes de Beaune : 1° La maison et terre des Joberts ; 2° la maison et terre des Guillaumais (famille de La Celle) ; 3° la maison et terre dite également des Guillaumais (famille Bertholet).

§ 1er. — Maison des Joberts

Famille Aufauvre

Dès le milieu du quinzième siècle, on trouve le nom d'Aufauvre très répandu sur le territoire de la châtellenie de Murat, qui est, sans doute, son pays d'origine. Une notable famille de ce nom tenait à cens, du duc de Bourbonnais, à cause de son grenier de Doyet, une « maison à feu », dépendances, prés et terres, à l'estimation de quatre journaux de prés à croître, neuf charretées de foin et en terre à l'estimation de dix septerées ou environ, joignant et tenant le chemin tendant de Doyet à Malicorne, plus diverses autres pièces de prés et terres.

Armes : *d'argent, au lion de gueules, tenant entre ses pattes de devant une roue de moulin de sable, accompagnée de trois fleurs de lys au pied coupé d'azur.* (GARMY : *Commentry*).

Nos registres paroissiaux nous fournissent de précieuses indications sur cette famille que nous trouvons, au lieu des Joberts, à partir de 1700.

I

François Aufauvre, praticien, épousa, à Beaune, en 1705, Gilberte Delalot, fille de Pasquet Delalot, notaire royal, et de Péronnelle Audinat, dont il eut :

1° Catherine, née et baptisée à Beaune, le 13 mai 1706.

2° Anne, née et baptisée à Beaune, le 5 février 1708.

3° Marie, née et baptisée à Beaune, le 26 décembre 1709.

4° Jean-Baptiste Aufauvre, né et baptisé à Beaune, le 8 janvier 1712. Il eut pour parrain Jean-Baptiste des Bouis, écuyer, sieur de Villards, président-trésorier de France en la généralité du Bourbonnais, à Moulins, et marraine damoiselle Marie-Elisabeth Pin de Sallebrune.

5° François, né et baptisé à Beaune, le 1er avril 1714, qui suit (II).

6° Marie, née et baptisée à Beaune, le 26 mai 1715.

7° Marguerite, née et baptisée à Beaune, le 10 juin 1717.

8° Charles-Jacques, né et baptisé à Beaune, le 1er mars 1720.

9° Anthoine, né et baptisé à Beaune, le 20 octobre 1722.

10° Jean, né et baptisé à Beaune, le 6 octobre 1726.

II

François Aufauvre, le cinquième des enfants de François Aufauvre et de Gilberté Delalot, né à Beaune, le 1er avril 1714, notaire royal à Buxières-Jérusalem ou Buxières-sous-Montaigut, épousa, le 4 octobre 1745, Claire Rouderon, qui mourut, en 1755, lui laissant quatre enfants : Antoine, Gabriel-Estienne, Gabriel et Marie.

Veuf en 1755, il se remaria en secondes noces, le 16 février 1756, avec Françoise Ribaud, fille d'Antoine Ribaud, bourgeois, et de Gilberte-Elisabeth Mioche, domiciliés à Loriges, dont il eut également quatre enfants : Antoine, Estienne, Antoine-François et Elisabeth Aufauvre. Cette dernière se maria, en 1784, avec Estienne Laporte, veuf de Thérèse Clusel, qu'il avait épousée en 1782 et qui lui avait laissé un fils, nommé Jean.

Estienne Laporte, fermier au château de la Faye, paroisse de Beaune, par la cession de tous les droits des enfants Aufauvre sur les Joberts, devint seul propriétaire de la maison et héritages des Joberts, en 1789.

Il mourut le 9 juin 1820.

Son fils du premier lit, Jean Laporte, propriétaire aux Joberts, épousa, en 1823, Marie-Suzanne-Elisabeth Bertholet, fille de Jacques Bertholet, notaire royal, et de dame Marie-Suzanne-Angèle Malley, domiciliés aux Guillaumais, de Beaune.

De cette union sont issus :

1° Gustave Laporte, né à Beaune, le 5 novembre 1823, marié, à Saint-Hilaire, vers 1856-60, à Herminie Gueston, dont il eut un fils, Eugène, qui mourut quinze jours après sa naissance. La mère mourut, quatre ans après son mariage, à Saint-Hilaire.

2° Marie-Félicité Laporte, qui épousa, en 1855, à Beaune, Joseph Camus, fils d'Antoine-Jean-François Camus, et de dame Victoire-Hortense Daubertet, de Montmarault, dont une fille :

Anne-Marie Camus, née en 1856, mariée à André Massin, propriétaire au château du Bailly, de Montigny-sur-Canne, en Nivernais, lesquels sont les propriétaires actuels des Joberts.

Ils ont, de leur mariage, deux filles :

a) Madeleine.

b) Simonne.

§ 2. — Maison des Guillaumais

(Famille de la Celle)

Le village des Guillaumais est à cinq kilomètres de Montmarault, sur la route de Montmarault à Montaigut. A gauche, en bordure de la route, se trouve la maison de famille des de la Celle et, à droite, enfoui au milieu des arbres, le château de la famille Bertholet.

I

La famille de la Celle vint aux Guillaumais en 1836, par le mariage de Paul de la Celle, fils de Sylvain, propriétaire à Chapette, paroisse de Deux-Chaises, et de dame Antoinette de Loubens de Verdalle, avec Madeleine-Irma de Collasson, fille d'Alexandre-Louis de Collasson et de Luce Michelon du Cholet, domiciliés aux Guillaumais, de Beaune.

De cette union sont issus trois enfants :

1° Marie-Clotilde, qui épousa, en 1872, Raoul d'Eymar de Jabrun.

2° Hippolyte-Albert de la Celle, qui suit (II).

3° Anne-Noémie de la Celle, qui épousa, le 21 janvier 1875, Pierre-Arthur des Mazis, fils de feu Louis-Auguste des Mazis, et de feu Louise-Rosalie Robert de Saint-Vincent.

II

Hippolyte-Albert de la Celle épousa, en premières noces, Marie-Thérèse de Villelume, sans postérité, et en secondes noces, Marie-Louise de Thy, de laquelle il eut quatre enfants :

1° Mathilde, morte sans alliance, en 1913.

2° Henri de la Celle, propriétaire aux Guilllaumais, sans alliance.

3° Edith de la Celle, mariée, en 1904, à Charles Huet de la Tour du Breuil.

4° Luce de la Celle.

Paul de la Celle, veuf d'Irma de Collasson, contracta une seconde alliance avec Angèle de Sainsbut des Garennes, dont il eut :

1° Améline de la Celle, habitant Moulins.

2° Auguste de la Celle.

3° Hippolyte de la Celle, né aux Guillaumais, en 1863, prêtre, chanoine de Moulins et doyen du chapitre, actuellement, et depuis 1920, évêque de Nancy et de Toul.

La propriété actuelle des Guillaumais est indivise entre les enfants de la Celle, issus du mariage d'Hippolyte-Albert de la Celle avec Marie-Louise de Thy.

§ 3. — Autre maison des Guillaumais

(Famille Bertholet)

I

La famille Bertholet est propriétaire aux Guillaumais, depuis le mariage de Jacques Bertholet, notaire public, avec Marie-Suzanne-Angèle Malley de Rongères, dont naquirent :

1° Louis-Gilbert Bertholet, qui suit (II).

2° Alexandre-François, décédé sans postérité.

3° Elisabeth-Sophie Bertholet, qui épousa, en 1836, Gilbert-Marie Aupetit-Durand, de Colombier.

4° Gabriel-Melchior.

5° Ursule-Antoinette, décédée sans postérité.

II

Louis-Gilbert Bertholet, né en 1804, décédé en 1873, avait épousé Marie-Claudine-Alexandrine Gardien, dont il eut :

1° Marie-Louise, qui épousa, en 1857, Philippe-Jean-Baptiste Meilheurat, notaire à Chantelle, mort, en 1883, à Montmarault.

2° Marie-Suzanne-Angèle, mariée, en 1857 également, à Claude-Léon Gardien, de Verzun, paroisse de Target.

3° Louis-Gilbert-Alexis, qui suit (III).

4° Louise-Marie-Claudine, qui épousa, en 1864, Georges-Gustave Chanier, propriétaire à Saint-Marcel-en-Murat.

III

Louis-Gilbert-Alexis, né et baptisé à Beaune, le

19 avril 1837, décédé en 1878, avait épousé Marie Mazon, dont il eut une fille :

Marie-Louise Bertholet, mariée, le 23 juin 1898, à Raoul de Verrières, fils de Raoul-Maximilien de Verrières et d'Hélène-Cécile-Eugénie Gounemault, dont une fille :

Claudette de Verrières.

CHAPITRE IV

Chronique locale

Sous ce titre sont relatées, sommairement et dans l'ordre chronologique : 1° les fondations, donations testamentaires et constitutions de rentes faites à l'église et aux prieurs de Beaune ; 2° les actes de baptêmes, mariages et sépultures des principales notabilités de la paroisse, qui n'ont pu trouver place au cours de ce travail ; 3° les faits et événements de toute nature qui peuvent avoir un intérêt historique.

1514, 7 mai. — Testament d'Antoine Alababet, époux de Catherine du Soleil, par lequel le testateur donne quatre deniers tournois avec dîner et vingt deniers sans dîner à tous les prêtres qui assisteront à son enterrement. Plus une quarte de seigle à chacun. Plus, au bout de l'an, même donation qu'au jour de l'enterrement. En présence de François Alababet, prêtre.

1524, 8 juillet. — Fondation par messire Pierre de Poynat, de la somme de trois sols six deniers tournois, pour sept messes en haut et sept passions en bas être dites chaque mercredi de carême.

1529, 8 avril. — Testament de Mathieu Fayet, prêtre, par lequel le testateur laisse deux sols tournois à chaque prêtre qui assistera à son enterrement. Autant à la quarantaine et au bout de l'an. Plus six setiers seigle, mesure Montmaraud, à distribuer à titre d'aumône. Plus cent sols de rente pour une messe chaque semaine. Plus un poinçon de vin de sa propriété de Chareilh, et chaque année; à Catherine Sauvage, veuve de feu Jehan Fayet, son frère. Plus deux sols six deniers tournois à Mgr l'archevêque de Bourges. Plus cinq sols tournois aux pauvres de l'Hôtel-Dieu de Paris. Plus sa robe noire et fourrée « d'aiguyaulx noires » à l'église de Beaune.

Exécuteurs testamentaires : Anthoine Fayet, prêtre communaliste de Beaune, son cousin, et François Guilhomin, notaire.

Témoins : François Guilhomin, Catherine Saulvaige, sa femme, Jehan Alapeyronnine, Jacques Guilhomet, Eustache Guilhomin, clerc, fils de François, Jehan de la Roche, clerc, fils de Gilbert de la Roche, parochain de Montluçon.

1531, 8 octobre. — Testament de François Auday : Cent sols tournois donnés à Philippe Siramyt, fille de feu Gilbert Siramyt, pour récompense de bons et agréables services qu'elle lui a donnés pendant qu'il était malade en la maison du sieur de Villards.

A sa mort, Philippe Siramyt cède la somme aux vénérables de Beaune, à condition qu'ils seront tenus de faire un chanter général, en l'église de Saint-Agnan de Beaune, pour le salut de son âme et de celle du susdit Auday.

(C'est le testament d'humbles et pieuses gens, digne de passer à la postérité comme un modèle de désintéressement et de noble générosité.)

1538, 10 juin. — Fondation, par Jehan Guilhomin, couturier, de la somme de vingt livres tournois chacun an, à MM. les vénérables prieur et communalistes, pour quatre messes et un *Libera* chaque année.

1543, 16 avril. — Testament d'Anthoine Fayet, prêtre, par lequel il laisse : 1° deux sols tournois avec dîner, ou deux sols six deniers sans dîner, à tous les prêtres qui chanteront au jour de son enterrement, avec croix et eau bénite ; 2° quatre livres dix sols tournois, pour une messe devant être dite, pendant quarante jours à haute voix, après son décès ; 3° dix sols tournois, pour fondation d'une messe de morts à perpétuité, au jour anniversaire de son décès, somme assignée sur son domaine de Chareilh ; 4° quatre-vingt-dix livres tournois au communal de Beaune, une fois payées ; 5° sa maison dudit Chareilh à Louise Saulvaige, sa vie durant, pour rémunération et récompense des bons et agréables services qu'il en a reçus.

Exécuteurs testamentaires : noble homme Anthoine de Beaucaire, écuyer, seigneur de Sallebrune, et Gilbert Fayet, frère du défunt.

1551, 31 décembre. — Testament d'André de Poynat : 1° vingt sols tournois à chaque prêtre qui accompagnera son corps au cimetière, et en plus le dîner. Même somme sera donnée pour la quarantaine et le bout de l'an. Plus trois deniers tournois seront payés, chacun an, au prieur-curé ; laquelle somme est assignée sur deux pièces de terre, l'une appelée Seignas-Long et l'autre le Pré-Desbray, moyennant quoi, il lui sera fait un chanter général le jour et fête des Rois.

1569, 25 septembre. — Fondation faite à MM. les vénérables prieur et communalistes de Beaune, par messire Anthoine de Beaucaire, laquelle fondation provenant de l'adjudication et entérinement des lettres de rémission obtenues par le sieur Anthoine de Beaucaire, seigneur de Sallebrune, de l'homicide commis à la personne du seigneur de Villards, Anthoine des Mollins. C'est à savoir : La somme de quatre-vingt-cinq livres tournois, dont soixante livres pour fonder et doter une messe perpétuelle qui sera dite, chaque premier jeudi du mois, et une grand'-messe avec diacre et sous-diacre, chaque année, à tel jour que le dit homicide a été commis, qui est le 22 mai, et le reste de la somme sera distribué en aumône aux pauvres. Laquelle somme de quatre-vingt-cinq livres est assise et assignée sur une pièce de terre située en la paroisse de Beaune, au terroux des Vernetz, appelée les Vernetz, contenant un pré à croître chaque année, deux charretées de foin et en terre douze quartonnées.

1585, 22 décembre. — Fondation Jeanne Lurat, veuve de Jacques Chopin : Huit écus soleil et tiers d'écu, revenant à vingt-cinq livres tournois, pour un obit et trois messes en haut, chaque année, devant être dites par MM. les prieur et communalistes aux jours fixés dans le testament.

1606, 26 juillet. — Fondation d'un obit par demoiselle Gabrielle de Chateaubodeau, femme Rodolphe de Beaucaire, écuyer, seigneur de Sallebrune, moyennant trente livres tournois. Reçu Filhozat, notaire royal.

1607, 3 novembre. — Testament de Pierre de Poynat : Trente livres tournois assignées sur tous ses biens pour : 1° un obit ou service général être fait annuellement pour le repos de son âme, au jour où il sera décédé ; 2° après le service, il sera fait une absolution sur sa tombe ; 3° il sera chanté un *Salve regina*, le même jour, devant l'autel de Notre-Dame, pour lui et pour ses parents trépassés.

1617, 1er mai. — Fondation testamentaire, faite par messire Philippe Glomardon, prêtre communaliste de Beaune, habitant le village du Mazeau, d'une rente de vingt livres six deniers annuelle, assise et assignée sur une terre et un pré situés au terroux des Caulres, près le village des Guillaumais, pour un obit ou service général être chanté en l'église de Beaune, chaque année, au jour anniversaire de son décès.

Présents : Gilbert Boyrat, prieur ; Blaise Durin, Charles de la Jarreige, prêtres communalistes ; Estienne Ferrier, vicaire.

1617, 20 décembre. — Testament de Catherine Sauvage, femme Antoine Denis, du village de Cornassat, paroisse de Beaune : trente livres de rente en principal aux prieur-curé et communalistes de Beaune, pour trois services être faits par six prêtres, quarante messes être dites, à partir du jour de son décès, et, chaque année, un obit général être fait avec les vigiles et absolution sur sa tombe. Plus laisse la dite testatrice une brebis au luminaire de l'église de Beaune, pour l'entretien dudit luminaire.

1630, 20 septembre. — Testament Jeanne Viremont, femme de Gilbert Ferrier, du village des Varins, paroisse de Beaune : 16 sols tournois de rente annuelle, pour être chantés, sur l'autel de Notre-Dame du Saint-Rosaire, un salut, et aussi une absolution, sur sa tombe, à chacun jour de Notre-Dame de septembre.

1631, 5 octobre. — Fondation faite par puissante

dame Jehanne de Bourbon, dame de la Faye et de Beaune, de quatre messes en haut du Saint-Rosaire, avec le *Stabat* à l'issue d'icelles, et devant être dites annuellement et perpétuellement, le jour de la Purification de Notre-Dame, le jour de l'Annonciation, le jour de la Nativité et le jour de l'Assomption. Moyennant la somme de 33 livres tournois de principal, assise et assignée sur un pré situé au village des Joberts, paroisse de Beaune, appelé pré Giraud. Présents : messire Gilbert Boyrat, prêtre, prieur et curé dudit Beaune ; Blaise Durin et Charles de la Jarreige, prêtres communalistes. Signé : Chastel, notaire royal.

1634, 5 octobre. — Testament de Martin Alexelline, laboureur du village de Villars, par lequel il laisse, aux prieur et communalistes de Beaune, la somme de 50 livres tournois de principal, dont ses héritiers devront payer la rente annuelle. Moyennant ladite somme, il sera fait un obit, chaque année, en l'église de Beaune, par tous les prêtres et chapelains. Plus seront dites, à l'autel du Saint-Rosaire, chaque année, deux messes, l'une des Morts, l'autre de Notre Dame, avec le *Stabat* et un salut, plus une absolution sur sa tombe.

1641, 28 juillet. — Testament de Blaise Audinat, fils de feu Jacques : trente-quatre francs de rente, payables par Pierre Chardon, moyennant quoi, il sera fait, en l'église de Beaune, à chaque jour de fête de sainte Anne, annuellement et perpétuellement, un service solennel à l'intention du donateur, laquelle somme de trente livres le dit testateur a assise et hypothéquée sur tous et chacun de ses biens dont il mourra vêtu et saisi, et laquelle somme les prieur et communalistes devront asseoir sur suffisants héritages, afin que la dite somme ne se puisse dépérir et perdre. Veut et entend le dit testateur que les dits sieurs communalistes ne feront le dit service au dit jour qu'autant qu'il leur sera payé.

1648, 25 novembre. — Constitution de neuf livres de rente, par damoiselle Gabrielle de Chateaubodeau, dame de Sallebrune, aux vénérables prieur et communalistes de l'église Saint-Agnan, de Beaune, moyennant laquelle somme seront célébrés : 1° chacun an trois services et obits solennels de trois prêtres, chacun avec, au commencement du service, vigiles ordinaires et accoutumés, et deux *Libera* après les services, savoir l'un sur le tombeau ancien de la maison de Sallebrune, posé en l'église de Beaune, au devant du balustre du grand autel joignant au banc ancien de la Souche, de présent appartenant à Gilbert de la Mousse, écuyer, seigneur de Beaune, et l'autre des dits *Libera* ou absolution dans la chapelle du dit Sallebrune. Les dits services se célébreront, le premier à l'intention du défunt seigneur de Beaucaire, le 27 mai, jour qu'il décéda ; le deuxième sera célébré, le 22 janvier, à l'intention de puissant seigneur messire Marien de Beaucaire, vivant seigneur des dites terres et seigneuries de Liénesse et Bouillé, jour qu'il décéda. Le troisième service sera célébré, le jour et fête de sainte Catherine, à l'intention de la dite dame de Sallebrune, fondatrice.

1653, 28 mars. — Testament de Brigitte Chanier, femme de Jean de Poynat le jeune, fils de feu Geoffroy, du village des Sauvages, paroisse de Beaune : 50 livres en principal, hypothéquées sur tous ses biens, moyennant quoi il lui sera fait trois services, enterrement, quarantaine et bout de l'an ; plus un service, chacun an, au jour qu'elle sera décédée.

1661, 11 octobre. — Testament de Pierre Rousset, tailleur d'habits du village des Bordes, paroisse de Beaune : 10 livres une fois payées, pour une messe des Morts être dite, chaque année, avec une absolution sur sa tombe au jour qu'il sera inhumé.

1663, 16 décembre. — Testament d'Antoinette Beynat, femme Jacques Charles : 45 livres une fois payées, pour un service annuel être fait de trois messes hautes avec absolution, chaque année, au jour où elle sera décédée.

1663, 25 décembre. — Testament Jacques-Charles Tixier : 45 livres une fois payées, pour un service annuel de trois messes hautes comme ci-dessus.

1671, 2 mai. — Constitution de 10 sols de rente annuelle, par Gaspard Martin, laboureur au village des Baussins, paroisse de Beaune, laquelle somme représentant 10 livres en principal, est celle qu'il devait à feu Jehan Detron, charpentier, par obligation du 4 janvier 1670, et laquelle somme le dit Detron a faite en donation aux sieurs prieur et communalistes de Beaune, pour être dite et célébrée, en l'église, à son intention, annuellement et perpétuellement, une messe des Morts, laquelle somme le dit Martin a assise et hypothéquée sur une pièce de terre, appelée l'Ouche des Noyers, contenant environ cinq quartonnées de terre, mesure Montmaraud.

1679, 12 décemhre. — Testament d'Anthoine Durin, laboureur au village de la Chaume, paroisse de Beaune : 10 livres de principal formant rente de 10 sols, pour paiement de son enterrement, quarantaine et bout de l'an, laquelle somme assise sur une terre appelée le Grand Patural, contenant environ vingt quartonnées de terre..

1686, 18 août. — Testament de Gilberte Pascaud, femme de Jean Bonnet, tailleur d'habits, au village du Mazeau, paroisse de Beaune : 3 livres de rente, provenant de 60 livres de principal hypothéquée sur une pièce de terre et pré, situés aux Costes Paussat, paroisse de Saint-Eloy, laquelle somme de 3 livres pour enterrement, quarantaine et bout de l'an de la testatrice.

1692, 8 décembre. — Fondation faite par Me Jean des Bouis, seigneur de Sallebrune :

Furent présents : Me Jean des Bouis, seigneur de Sallebrune, et sous son autorité damoiselle Charlotte Bernard, son épouse, lesquels, conjointement et solidairement, ont fondé et fondent par ces présentes, en présence de messire François Marès, prêtre, prieur de l'église de Saint-Agnan de Beaune, présent et acceptant pour lui et ses successeurs, sçavoir :

Douze messes à dire et célébrer en la chapelle de Sallebrune sise et située dans l'enclos du château dudit lieu, par les sieurs prieurs, curés dudit Beaune, chacun an, à perpétuité, savoir : la première, le 3 janvier, fête de sainte Geneviève ; la seconde, le premier jour de février, qui est la vigile de Notre-Dame ; la troisième, le 19 mars, fête de saint Joseph ; la quatrième, le 24 dudit mois de mars, vigile de l'Annonciation ; la cinquième, le 24 avril, vigile de saint Marc, évangéliste ; la sixième, le 23 juin, vigile de saint Jean-Baptiste ; la septième, le 26 juillet, fête de sainte Anne ; la huitième, le 14 août, vigile de l'Assomption de Notre-Dame ; la neuvième, le 7 septembre, vigile de la Nativité de la Sainte Vierge ; la dixième, le 4 novembre, fête de saint Charles ; la onzième, le 7 décembre, vigile de la Conception de la Sainte Vierge ; la douzième, le 28 décembre, lendemain de la fête de saint Jean l'Evangéliste.

Pour la rétribution desquelles messes, le sieur et la damoiselle constituants ont établi rente annuelle et perpétuelle de la somme de vingt sols pour chacune messe, plus douze livres pour chacun an au prêtre, sieur prieur de Beaune, laquelle somme de douze livres sera payable à chacun premier jour de janvier. Outre, seront tenus lesdits sieur et damoiselle acceptants et présents fournir pain, vin, luminaire et ustensiles nécessaires à la célébration des dites messes et encore donner à diner au sieur prieur, ou autre de sa part, qui célébrera, et au cas où le sieur dit prêtre prieur ne pourrait dire les susdites messes les mêmes jours que dessus pour quelque empêchement qui les obligerait d'être à leur église, les susdites messes seront remises au lendemain ou autre jour de la semaine non festé. Ladite somme de douze livres hypothéquée sur un pré appelé pré des Noix, joignant l'étang de Châtelus. Fait et passé par devant Delalot, notaire royal, le 8 décembre 1692.

1804, 11 juillet (22 messidor an XII). — A cette date, l'administration de l'enregistrement et des domaines (bureau de Montmarault) dresse comme suit

« l'état du nombre et du montant des rentes de toute nature qui appartiennent à l'église de la commune de Beaune » :

Noms et Prénoms *des redevables*	Lieu de leur *domicile*	Date des titres constitutifs *ou récognitifs*	Dû à la fabrique ou *au curé*
Gilbert Thévenet dit Boulet.	Lorraine........	8 déc. 1738	» 90
Jean et Gilbert Jouanin....	Beaune.........	13 déc. 1738	1 20
Gilbert Boudignon.......	Ladoux.......	22 fév. 1739	1 25
Gilbert Boudignon........	Ladoux.........	—	3 »
Gilbert Boudignon.......	Ladoux........	—	1 »
Pierre Guilhet.	Les Brières.....	23 fév. 1739	4 50
François Moncelon......	Montlebet.......	9 mai 1739	2 82
Pierre Varin.............	Beaune...	7 mai 1739	2 :4
François Martin...........	Virlobier.......	29 mai 1739	1 »
François Guilhaumet.....	Poinat.....	9 mai 1739	3 70
La veuve Laudin..........	Les Baussins....	—	1 »
Gilbert Pérot de Luzet...	Hyds...........	15 sept. 1740	3 50
François Guilhaumet.. ...	Poinat..........	18 sept. 1740	1 25
Pierre Moncelon........ .	Saint-Bonnet....	—	4 »
Gilbert et Jean Ferrier....	La Chaume.....	—	1 35
Blaise Fradier........	Saint-Priest.....	—	4 »
Jean Guillaumin..........	Cornassat..... .	—	4 20
François Martin...........	Virlobier........	—	1 50
Simon Poinat et autres....	Beaune.........	—	5 83
Jean Rigal...	La Forêt........	—	4 45
Jean Décloux.............	Bas-du-Four.. .	—	1 »
Mathieu Duffix.	Virlet de Bouble.	—	3 »
Pierre Moncelon	Saint-Bonnet....	12 juillet 1767	7 45
François Bidau l'aîné......	Saint-Bonnet....	3 juin 1758	6 20
Pierre Moncelon..........	Saint-Bonnet....	7 mai 1739	8 75
TOTAL..................			78 29

*
* *

1582, 17 février. — Arrêté du conseil d'Etat déchargeant de la taille et des autres impositions, le taillon excepté, pendant un an ou deux ans, plusieurs localités du Bourbonnais, Marche et Combraille dont les habitants avaient été affligés par la peste et contraints d'abandonner leurs maisons.

Parmi ces localités se trouvent : Ars, les Mouceaux, Nouzelles, Colombier, *Villars,* Buxière, la Perroze et Echassières. (Arch. Allier, série E, fonds de Montluçon.)

1623, 21 octobre. — Il y eut grande gelée dans la région, si forte et si précoce que les raisins pourrirent dans les vignes et que, cette année, il n'y eut pas de vin.

1629-30. — Grande épidémie de peste. A Beaune, le village des Geyssoux fut totalement ravagé. Un même jour, on brûla dans la chaux vive quinze cadavres. Un jeune homme d'une vingtaine d'années, seul survivant dans le village, fut pris de folie et s'enfuit. Oncques depuis n'eut-on de ses nouvelles.

On transportait les pestiférés dans les champs voisins de l'habitation et là, à une distance respectable, devant notaire et témoins, les pauvres malheureux faisaient leur testament. Ce fut le cas d'Antoinette Viremont, du village des Varins, qui testa devant le notaire royal dans l'ouche du Poux.

Tous les testaments de cette époque portent la mention : « année de la contagion ».

1635, 30 avril. — Baptême de messire Pierre des Bouyaux, fils de Charles, écuyer, seigneur de Colombier et de Fontignoux, paroisse de Gipcy, et de demoiselle Simone Lionatte de Beaucaire. Parrain Pierre des Bouyaux, écuyer, seigneur de Colombier, paroisse de Saint-Aubin, et marraine damoiselle Gabrielle de Chateaubodeau, mère de la dite damoiselle Simonne.

1636, 11 janvier. — Baptême de Gilbert Baratier, fils de messire Gilbert Baratier, chirurgien, et d'honneste damoiselle Jehanne de Janzat.

1641, 16 février. — Sépulture, dans l'église de Beaune, de haute et puissante dame Jehanne de Bourbon, dame de la Faye, Beaune « et autres ses places ».

1641, 24 novembre. — Baptême de Gabrielle Pinel, fille de Pierre Pinel et de Paule Morel. Parrain honorable homme Jean Dénier, avocat en parlement, seigneur du Nouzillat, et marraine Gabrielle Morel. Présents : vénérable homme messire Jehan Cluzel, prêtre, chanoine et curé de Montcenoux, et messire Gilbert Pinel, avocat en parlement.

1642, 1er juillet. — Mariage de messire Jehan Bezard, huissier à Montmaraud, et de Marie Laumosnier. En présence de messire François Patherin, recteur du collège de Montmaraud, et de Gaspard Pinel, notaire royal.

1643, 16 août. — Baptême de Louis Varin, fils de messire Pierre Varin, notaire royal à Beaune et procureur en la châtellenie de Murat, et de dame Marguerite Pinel. Parrain messire Antoine Pinel, chirurgien, et marraine honneste fille damoiselle Gilberte Pinel.

1644, 1er février. — Mariage de messire Jehan Moulhard, fils de messire Jehan, procureur au siège de Gannat, et de damoiselle Jacquette Valnet, de la paroisse Saint-Etienne de Gannat, avec Gabrielle Moysson, veuve de messire Jacques Bobier et fille de feu messire François Moysson, procureur de Moulins, et de Madeleine Sevaux.

1644, 4 juillet. — Baptême de Madeleine Bourdel, fille de Philippe et de Gabrielle Dupuy. Parrain messire Gilbert Pourchier, sieur de Lachaud, et marraine honneste femme damoiselle Madeleine de Franseure, consorte d'honorable homme Gilbert Frade, sieur de la Garenne.

1645, 9 mars. — Baptême de Madeleine Saulnier, fille de François et de Jehanne Michel de Villards. Parrain messire Antoine Pinel, chirurgien, et marraine damoiselle Madeleine de Chateaubodeau.

1646, 8 juillet. — Baptême de Catherine Varin, fille de messire Pierre Varin, maréchal de la compagnie de gendarmerie de Mgr le prince de Condé, et de Marguerite Fournier de Cornassat.

1649, 11 octobre. — Baptême de François de la Mousse, fils de Gilbert, chevalier, seigneur de Beaune, la Faye, etc., et de Catherine de Guines. Parrain messire François de Guines, prieur de Saint-Pierre de Cusset et de Saint-Germain de Viry, et marraine damoiselle Catherine de Bressoles, fille de M. le baron de Bressoles.

1650, 27 février. — Baptême de Jeanne Demare, fille de messire Antoine Demare, sergent royal, et de dame Gilberte Pourchier. Parrain messire Louis Demare, chanoine de Montcenoux, et marraine dame Jeanne Pourchier.

1650, 3 avril. — Mariage de messire François Colombier, fils de messire Pierre Colombier, bourgeois de Saint-Gervais, et d'Anne de Barthomyvat, de Beaune, avec Gabrielle de la Roque, fille de feu Charles de la Roque, vivant écuyer, seigneur de Chazelle, et de damoiselle Marthe Duprat, de la paroisse d'Ayat.

1651, 20 juin. — Baptême de Gabriel Michel, fils de Gilbert et de Charlotte de la Jarrège. Parrain Jean Varin de Cornassat et marraine Catherine de Lingendes, damoiselle du Mazeau.

1651, 7 novembre. — Sépulture de dame Marguerite de Villards, inhumée dans l'église de Beaune, proche l'autel de saint Jean, du côté du Rosaire.

1654, 10 février. — Mariage de messire Jacque Nicole, commis des traites foraines à Malicorne, fils de feu noble Michel Nicole, vivant lieutenant général en la ville de Chartres, et de damoiselle Marie Mary ; avec damoiselle Françoise Pinel, fille de messire Gilbert Pinel, avocat et adjoint aux enquêtes en la châtellenie de Montluçon, et de dame Madeleine Eudre, de Beaune.

1654, 22 août. — Baptême d'Anne de Chateaubobeau, fille de François, seigneur du Châtelard, et de Catherine Moncel. Parrain Philippe de Brezons, gentilhomme ordinaire de Mgr le duc de Bourbon, et marraine damoiselle Jeanne des Mollins.

1655, 27 mai. — Sépulture de Bernard Ducoudray, chirurgien de la compagnie du seigneur de Rochefort, lequel était natif du lieu de Payre, proche Sainte-Sévère, de la provinee de Chalosse, proche du Béarn, lequel a dit devoir vingt écus à messire Bataix, de la ville d'Auch en Gascogne.

1658, 3 mars. — Baptême d'Antoine Freydière, fils de Louis et de Laurence Laurent de la Faye. Parrain messire Antoine Defraisse, chapelain au château de la Faye, et marraine damoiselle Catherine de Breschard, fille de Jehan de Breschard, chevalier, seigneur de la Motte.

1658, 30 avril. — Mariage de Claude de la Roche, écuyer, fils de feu Jean de la Roche, vivant écuyer, seigneur des Mouceaux, et de Guillemette Menudel, de la paroisse de Saint-Cyprien, avec damoiselle Jehanne de Breschard, fille de Jean de Breschard, écuyer, seigneur de Virlobier, et de feu Jehanne de la Mousse, de la paroisse de Deneuille. Présents : le sieur de la Motte, frère de l'époux ; Gilbert de la Mousse, écuyer, seigneur de Beaune, et Denis Aumaistre, châtelain de Beaune.

1661, 22 avril. — Baptême de Jean-Laurent Nicole, fils de messire Jacques Nicole, contrôleur aux traites foraines, et de dame Françoise Nicole, du village de la Leychère, paroisse de Beaune. Parrain Jean Sarazin, sieur du Vernet, receveur général des traites foraines en la généralité du Bourbonnais, et marraine damoiselle Suzanne Lallemand, femme à messire Jottier, receveur des traites foraines à Malicorne.

1665, 21 juin. — Baptême de Madeleine Nicole, fille de messire Jacques Nicole, contrôleur des traites foraines au bureau des Guillaumais, et de dame Françoise Pinel. Parrain messire Simon Mesténier, prêtre, curé de Saint-Bonnet-de-Four, et marraine damoiselle Madeleine Henry, femme de messire Grégoire Beneyton, receveur des traites au bureau de Malicorne.

1666, 18 avril. — Sépulture de Louis Perchot, fils de messire Perchot, commis au bureau des Guillaumais, paroisse de Beaune.

1667, 9 mai. — Sépulture, en l'église de Beaune, sous les cordes des cloches, de Gilberte de Brezons, veuve de feu Jacques des Mollins, vivant écuyer, seigneur de Villards.

1667, 19 juillet. — Sépulture de Jehanne de Jenzat, veuve de feu messire Gilbert Barathier, *alias* Baratier, vivant chirurgien à Beaune.

1667, 11 décembre. — Baptême de Charles de Saint-Martin, fils de René de Saint-Martin, sieur du Mazeau, et de damoiselle Suzanne Dumont. Parrain Charles de Lingendes, écuyer, seigneur de Boulerot, capitaine dans le régiment de Saint-Vallier, et marraine Sylvie de Rochedragon, dame de Marcillat.

1668, 5 juin. — Sépulture de messire Annet Æynoux, vicaire de Beaune pendant vingt ans. En présence de messire Blaise Durin, prêtre communaliste dudit Beaune ; Louis Varin, prêtre habitué, et Gilbert Echégut, fabricien.

1668, 10 septembre. — Baptême de Catherine de Bonneau, fille à Claude de Bonneau, écuyer, seigneur de Marcin, la Varenne « et autres ses terres », et de noble dame Anne de Beaucaire. Parrain François de Rollat, écuyer, seigneur de Puyguillon, Bœuf, Reugny, « et autres ses places » ; marraine noble dame Catherine de Guines. Présents : Charles de Bressolles, écuyer, seigneur de la Planche, le Vergniaud et Sallebrune ; et Michel de la Mousse, seigneur de la Faye, de Beaune.

1670, 27 janvier. — Sépulture de Gilbert Destours, décédé au village des Geyssoux, lequel a fondé en l'église de Beaune un obit à célébrer le jour de saint Gilbert, 4 février, et a été enterré sous l'échelle du jubé en l'église de Beaune.

1670, 23 septembre. — Sépulture de Gilbert Jenton, maréchal, décédé en la maison de messire Estienne Placard, hoste au bourg de Beaune, pour être « cheut du haut du degré de la chambre haute dudit logis ».

1671, 23 février. — Sépulture dans l'église de Saint-Agnan de Beaune, de damoiselle Jehanne de la Bruyère, femme de messire Gilbert Pourchier, laquelle a fait fondation à notre église de deux obits et les litanies de la Sainte-Vierge les samedis de chaque semaine après Pâques.

1671, 4 mars. — Sépulture de Jacques Morel dit Echégut, « trouvé mort dans le chemin de Montmaraud à Beaune, proche le village de Villars, paroisse de Saint-Bonnet-de-Four, suivant la lettre à nous adressée par M. l'avocat du roi, signée Aumaistre, par laquelle il mande avoir fait faire la visite, avec le sieur Aufauvre, procureur du roi ».

1672, 15 avril. — Mariage de messire Antoine Brung, fils de feu Gilbert, vivant notaire royal, et de dame Gilberte Pourchier, avec dame Gabrielle Daumin, fille de feu messire Pierre Daumin, aussi vivant notaire royal, et de dame Peyronnelle Charpy, de la paroisse de Tortezais. Présents : messire Gilbert Pourchier, de Vernusse ; messire Jacques Grangier, chirurgien à Villefranche ; messire Georges Daumin, procureur au présidial de Moulins ; messire Gilbert Rebrier, huissier et archer de la grande prévôté du Bourbonnais.

1673, 13 février. — Mariage de messire Gilbert Varin, fils de feu messire Pierre Varin, vivant notaire royal et procureur en Murat, et de dame Marguerite Pinel, avec honneste damoiselle Catherine de Collasson, fille de Toussaint de Collasson, écuyer, seigneur de Fontis, paroisse d'Hyds, et de feu damoiselle Madeleine de Chateaubodeau, de la paroisse d'Hyds. Présents : messire Louis Varin, prêtre, chanoine de Montcenoux, y résidant ; messire Jehan Varin, fermier du Mazeau ; autre Jean Varin, notaire royal ; Toussaint de Collasson ; Annet de Bressolles, écuyer, seigneur de la Planche, etc.

1675, 21 mars. — Baptême de Gilbert Pérethon, fils de messire Charles Pérethon, chirurgien, et de Claudie Brung. Parrain messire Gilbert Pérethon, chanoine de Saint-Nicolas de Montluçon, et marraine dame Gilberte Pourchier.

1675, 15 septembre. — Baptême de Pierre Cluzel, fils de Gilbert et de Péronnelle Chopin. Parrain messire Pierre Cluzel, sous-diacre, chanoine à Bourges ; marraine Gilberte Martin.

1675, 31 décembre. — « A esté inhumé dans l'église et dans sa chapelle, messire Charles de Bressolles, seigneur de Sallebrune, le Vergniaud, après une pleurésie et fièvre continue de huit jours, soufferte avec une patience parfaite et après avoir reçu les sacrements de l'Eglise avec une très extraordinaire piété, nous laissant, en même temps, le regret de sa mort et la consolation de l'avoir vu mourir de la mort des justes qui promet l'éternité d'une vie bienheureuse. » (Note du prieur présidant les funérailles.)

1676, 9 juillet. — Sépulture de François Chopin, l'aîné, qui, le jour précédent, fut trouvé mort et noyé dans l'étang de Châtelus, appartenant à feu messire de la Planche, où il était tombé, le 8, vers les onze heures du soir, retournant du moulin.

1676, 17 septembre. — Baptême de Jacques Varin, fils de messire Jean Varin, notaire royal, châtelain de

Beaune, et de dame Gilberte Tailhardat. Parrain, messire Jacques Tailhardat, prêtre, curé de la Celle ; marraine, dame Françoise Pinel, femme de messire Jacques Nicole.

1678, 25 juin. — « Dans le cimetière de cette paroisse, a été inhumé Antoine Janton, mari de Marie Chardon, demeurant au village des Bruyères, ayant été trouvé noyé dans la vase d'un pré appartenant à messire Antoine Chardon, prieur de cette paroisse, auquel lieu nous l'avons conduit avec les cérémonies de l'Eglise. Le susdit Janton, ayant toujours vécu en bon chrétien et catholique, ayant reçu le sacrement de l'autel, le jour de la fête du Saint-Sacrement, et qui était sujet à quelques crises épileptiques, sur le rapport de messire Jean Aubergier, chirurgien, qui l'a traité, depuis quelque temps, pour une blessure reçue à la tête par des soldats passant par le village, et a passé par dessus les terres du prieuré, à la prière de Gilbert Chardon, son beau-frère, sans que cela porte préjudice à messire le prieur. »

1678, 7 septembre. — Baptême de Jean Guilhomet, fils de Gilbert et de Catherine de Collasson. Parrain messire Jean Pinel, avocat, et marraine damoiselle Marie de Collasson.

1680, 15 septembre. — Baptême de Pétronille Bouquant, fille de Louis Bouquant, receveur au bureau des domaines du roi, aux Guillaumais, et de damoiselle Madeleine Guy, sa femme. Parrain messire Jean Aumaistre, chevalier de l'ordre de Saint Jean de Jérusalem, et marraine Pétronille Citon.

1680. — Une ordonnance de Mgr l'archevêque de Bourges défend de donner aux filles le nom des saints et aux garçons le nom des saintes. (Cette ordonnance ne fut pas toujours respectée.)

1681, 18 mars. — Sépulture de messire Jean Pinel, avocat, décédé au village des Bordes, âgé de trente-deux ans.

1683, 28 juin. — Inhumé dans la chapelle du Rosaire, messire Benoît Chappot, prêtre, curé de l'évêché d'Autun, âgé de soixante-sept ans.

1684, 28 mai. — Sépulture de Jean Varin, de son vivant notaire royal et mari de dame Gilberte Tailhardat, décédé subitement au retour de Néris, âgé de cinquante-trois ans.

1685; 16 août. — Mariage de Jean des Fougières, seigneur des Gougnons, paroisse de Tronget, et de damoiselle Catherine de la Mousse. Le sieur des Fougières, fils de messire Nicolas des Fougières, ancien conseiller du roi et président, et de damoiselle Anne de Guillebon. Ladite damoiselle, fille de messire Gilbert de la Mousse, chevalier, seigneur de Beaune, et de Catherine de Guines. Présents : messire de la Mousse, seigneur dudit Beaune ; François de Chambaud, Jean-Mathias de la Mousse, messire François de la Mousse, chanoine de la collégiale d'Hérisson.

1686, 29 juillet. — Mariage de Mathurin Le Brun, receveur des traites foraines, aux Guillaumais, fils de Denis Le Brun, sieur de Courcelle, et de damoiselle Françoise Baraton ; avec damoiselle Marie Aufauvre de Beaufort, fille de Gilbert Aufauvre, sieur de Beaufort, et de damoiselle Louise Levieux, de la paroisse de Montmaraud. Présents : Jean Bigot, procureur du roi en la châtellenie de Murat ; Jean-

Baptiste Aumaistre, chevalier de l'ordre de Saint-Jean de Jérusalem.

1687, 18 février. — Sépulture de dame Catherine de la Mousse, vivante femme de Jean des Fougières, sieur des Gougnons, son mari en premières noces, âgée de trente-cinq ans, et inhumée dans le tombeau devant l'autel en la chapelle de Saint-Blaise, de l'église de Beaune.

1688, 27 juillet. — Baptême de Louis-Mathurin Le Brun, fils de messire Claude-Mathurin Le Brun, contrôleur et receveur des traites foraines, et de damoiselle Marie Aufauvre de Beaufort. Parrain Jacques-Louis de Saint-Yon. receveur de la douane, à Montluçon, et marraine damoiselle Françoise Levieux.

1689, 11 février. — Baptême de Marie Denizat, fille de Gilbert et d'Anne de Chateaubodeau. Parrain Antoine Mazuel ; marraine Gilberte Moncel.

1689, 13 novembre. — Baptême de Jean-François Le Brun, fils de Mathurin Le Brun, capitaine de la brigade aux Guillaumais, et de Marie Aufauvre. Parrain messire Jean Bigot, procureur du roi aux eaux et forêts à la châtellenie de Murat, et marraine dame Françoise-Marguerite de Faix, épouse de messire François de Rollat, écuyer, seigneur de Puyguillon.

1691, 11 mars. — Sépulture de messire Gilbert de la Mousse, vivant seigneur de Beaune. Présents : messires Chevalier, curé de Louroux, et Jacques Conchon, prêtre.

1691, 4 avril. — Etablissement, en l'église de

Beaune, d'une confrérie du Saint-Sacrement, aux conditions statutaires suivantes :

1° Les confrères qui y seront admis devront être d'une probité connue du sieur prieur de Beaune ;

2° Ils seront admis par le prieur, assisté de deux procureurs de ladite confrérie nommés à cet effet ;

3° Ils se confesseront et communieront, au jour de leur réception, aux quatre fêtes annuelles et celle du Très-Saint-Sacrement ;

4° Ils s'entr'aideront d'aumônes et de prières, surtout au moment de la mort et sépulture des confrères à laquelle ils seront tenus d'assister ;

5° Il sera fait un registre pour recevoir les noms des confrères.

1692, 23 mars. — Baptême de Louis Lépervier, fils de messire Blaise Lépervier et de Marie Aufauvre. Parrain messire Louis Lépervier, avocat en parlement, et marraine dame Marguerite Aufauvre.

1692, 2 mai. — Baptême de Michel de Fougières, fils à messire Jean de Fougières, écuyer, seigneur des Gougnons, gentilhomme de la garde du roi, et à dame Marie du Groin, son épouse. Parrain messire Michel de la Mousse, écuyer, seigneur de Miniers, Beaune, la Faye, etc., et marraine dame Anne de Guillebon.

1692, 28 novembre. — A Beaune, arriva la moitié d'une garnison de gens de guerre, dont l'autre moitié fut cantonnée à Néris, laquelle garnison ne s'en alla de Beaune que le 15 avril 1693, « et dont la population n'a pas gardé bon souvenir à cause des exactions et déprédations de toutes sortes qu'ils ont fait subir aux habitants ».

1693, 22 juillet. — Mariage de François Le Chevalier, seigneur des Vaux, fils d'Estienne Le Chevalier, seigneur de la Chasseigne, et de Pétronille de Bonnelle, de la paroisse de Louroux ; avec damoiselle Gilberte de Collasson, fille de Toussaint de Collasson, écuyer, seigneur de Fontys, et de feu damoiselle Madeleine de Chateaubodeau.

1693, 24 septembre. — Baptême de Marie Barroy, fille à Mayeul Barroy, chirurgien au bourg de Beaune, et à dame Françoise Le Brun. Parrain Charles Barroy, maître apothicaire de la ville de Montmaraud ; marraine dame Marie Michelon, dame du Mazeau.

1694, 3 janvier. — Baptême de Jacques Le Chevalier, fils de François Le Chevalier, seigneur des Vaux, et de Gilberte de Collasson. Parrain Jacques Bayet et marraine dame Catherine Michel.

1694, 1er octobre. — Sépulture de Jeanne de Chateaubodeau, fille de Gilbert de Chateaubodeau, écuyer, et de feu Pétronille Picard, âgée de six jours.

1694, 6 novembre. — Sépulture de Louis de Chateaubodeau, âgé de trente-trois ans.

1695, 23 janvier. — Baptême de Jeanne Lecomte, fille de Pierre Lecomte, cavalier dans le régiment de Condé, de la compagnie de messire de Tournel, et de Marie Colin, de Verdun, en Lorraine. Parrain Antoine Forest, aussi cavalier du régiment de Quercy, et marraine Jeanne Audinat des Bordes.

1696, 8 novembre. — Mariage de Jacques Chaumet, fils de feu François et de défunte Gilberte Perrot, avec damoiselle Marie-Angélique Génié, fille de défunt Jean Génié et de Madeleine de Bosquet, veuve de feu Daniel de Querron.

1697, 24 février. — Baptême de Marie Le Chevalier, fille de messire François Le Chevalier, sieur des Vaux, et de damoiselle Gilberte de Collasson. Parrain messire Gilbert Le Chevalier, sieur de la Goutte, et marraine damoiselle Marie de Collasson.

1701, 13 janvier. — Mariage d'Etienne Méténier, archer de la maréchaussée de Moulins, avec Françoise de Quéron, fille de feu Daniel de Quéron, vivant contrôleur aux Guillaumets, et de Marie Génié.

1707, 15 avril. — Baptême de Jean des Bouis de Sallebrune, fils de Jean des Bouis, seigneur de Sallebrune, et de Marie-Elisabeth Pin. Parrain Jean des Bouis, et marraine Gilberte-Ursule Tridon.

1707, 19 novembre. — Mariage de messire Henry des Fontaines, écuyer, seigneur de la Pérelle et « autres ses terres », avec damoiselle Marie de la Mousse de la Faye. Présents : MM. Auroux, Dusailly et de Rochebut.

1708, 8 janvier. — Sépulture dans cette église de messire François de Chambaud, écuyer, seigneur de Jonchère et le Mont, âgé de cinquante et un ans.

1713, 23 décembre. — Baptême de Marie-Charlotte des Bouis, fille d'honorable personne Jean des Bouis, bourgeois, et de damoiselle Marie-Elisabeth Pin. Parrain honorable personne messire Gilbert Loizel, conseiller du roy, élu en l'élection de Gannat, et marraine damoiselle Charlotte Bernard.

1715, 7 mai. — Baptême d'Eléonore de la Mousse, fille de messire Gilbert de la Mousse, chevalier, seigneur de Beaune, et de dame Catherine de Montaignac. Parrain messire des Fontaines, chevalier, seigneur de la Brenne, et marraine Mme Eléonore de Langlade.

1718, 30 mai. — Baptême de Marie-Elisabeth des Bouis, fille d'honorable Jean des Bouis et de Marie-Elisabeth Pin. Parrain messire Jean-Baptiste des Bouis, président au bureau des finances de Moulins, seigneur de Villards et Pérassier ; marraine damoiselle Marie-Elisabeth Bidon.

1721, 23 août. — Baptême de Suzanne des Bouis, fille de messire Jean des Bouis et de damoiselle Marie-Elisabeth Pin. Parrain messire Antoine des Bouis, ancien conseiller du roy, seigneur de Beaufort « et autres ses terres », prévôt sénéchal du Bourbonnais ; marraine damoiselle Suzanne Pin.

1723, 17 février. — Sépulture, dans l'église de Beaune, d'honorable personne dame Marie Péret, dame de Beaufort, à la diligence de messire Antoine des Bouys, seigneur de Beaufort « et autres ses terres ».

1723, 21 mars. — Sépulture dans l'église d'honorable personne Charlotte Bernard, à la diligence de messire Jean des Bouis, seigneur de Sallebrune, son époux. En présence de messire Antoine des Bouis, conseiller du roy, sieur de Beaufort, son fils, et de Jean-Baptiste des Bouis, trésorier de France, aussy son fils.

1723, 28 juillet. — Baptême d'Antoinette-Elisabeth des Bouis, fille de Jean-Gilbert des Bouis, sieur de Sallebrune, et de damoiselle Marie-Elisabeth Pin. Parrain messire Jean Neveu, prêtre, curé de Blomard, et marraine dame Antoinette-Elisabeth Farjonel, épouse à messire Desbouis, sieur de Villards et trésorier de France.

1723, 11 septembre. — Baptême de Jean Murgeon, fils de Jean et de Marie Renard. Parrain noble homme Jean Alamargot, écuyer, seigneur de Montassiégé et de Molaix, conseiller du roy, lieutenant général et criminel en la sénéchaussée du Bourbonnais ; marraine damoiselle Suzanne de Fontenilles, veuve d'honorable personne Blaise Authour, vivant docteur en médecine.

1730, 27 septembre. — Inhumé dans notre église paroissiale le corps de feu Jacques Bayet, notre chariteur, âgé de quatre-vingt-cinq ans, après avoir bien rendu service à notre église et reçu les sacrements avec toute la piété dont Dieu l'a favorisé pendant toute sa vie. (Note du prieur.)

1730, 22 novembre. — Mariage de François Girouard, commis aux aides, domicilié à Montmarault, et de damoiselle Marie de Chambaud de Jonchère, domiciliée à Beaune. Présents : messire chevalier Gilbert de Chambaud de Jonchère, écuyer ; François du Mazeau de Chambaud de Jonchère, frères de l'épouse ; Pierre de la Trimouille, beau-frère de l'époux.

1733. — Cette année, le cardinal de la Rochefoucaud, archevêque de Bourges, fait sa visite pastorale et passe par Beaune. (Note Moret.)

1738, 26 juin. — Baptême d'Alexandre Chaumet, fils de messire Antoine Chaumet, conseiller du roi et son receveur en la maîtrise des eaux et forêts de Montmarault, et de damoiselle Marie-Gilberte Cluzel de Sauget. Parrain messire Alexandre Cluzel de

Sauget, conseiller du roi et son receveur des tailles en l'élection de Montluçon, oncle maternel ; marraine damoiselle Madeleine Berthomier, femme de messire Louis Méténier, conseiller du roi, grenetier en la dite élection.

1739, 17 août. — Mariage de messire Nicolas des Magnoux, chevalier, seigneur de Saint-Pierre-les-Estieux, fils de feu messire Charles des Magnoux, vivant écuyer, seigneur de Saint-Pierre-les-Estieux, et de dame Marie de Tourzel ; avec damoiselle Marie-Anne de la Mousse, fille de feu messire Gilbert de la Mousse, écuyer, seigneur de la Faye, les Miniers, etc., et de dame Catherine de Montaignac.

1741, 5 septembre. — Baptême de Suzanne Chaumet, fille de messire Antoine Chaumet, conseiller du roi et son receveur en la maîtrise des eaux et forêts de Montmarault, et de damoiselle Marie-Gilberte Cluzel. Parrain messire Gilbert de la Vilaine, seigneur de la Garde de Montaigut, et marraine Marie-Suzanne Tourret, fille du sieur Jean Tourret de Barbatte, de Montmarault.

1742, 17 octobre. — Sépulture de messire Jean-Gilbert des Bouis de Sallebrune, âgé de soixante-dix ans. Présents : Jean-Baptiste Desbouis, sieur de Villards, trésorier de France, son frère ; Nicolas-Charles Granchier, receveur des consignations de la sénéchaussée de Riom, et Gabriel Damour, conseiller du roi au présidial de Moulins, ses gendres.

1746, 10 novembre. — Baptême de Louis-Jean Chaumet, fils d'Antoine, conseiller du roi, receveur en la maîtrise des eaux et forêts de Montmarault, et de damoiselle Marie-Gilberte Cluzel. Parrain messire

Louis-Jean Méténier de la Gaudière, conseiller du roi, grenetier au grenier à sel de Montluçon, et marraine dame Marie Bonin, épouse de messire Alexandre Cluzel de Sauget, conseiller du roi et son receveur des tailles de l'élection de Montluçon.

1751, 3 février. — Baptême de Marie-Catherine Chaumet, fille du sieur Antoine Chaumet, conseiller du roi et son receveur en la maîtrise des eaux et forêts de Montmaraud, et de dame Marie-Gilberte Cluzel. Parrain M. Paul Michelon de Fline, conseiller procureur du roi en la châtellenie royale de Murat et subdélégué de Mgr l'intendant en la généralité de Moulins, de la ville et paroisse de Montmaraud; marraine damoiselle Marie Méténier, veuve de François Descloux, bourgeois de la paroisse de Doyet.

1752, 27 juin. — Mariage de messire Gilbert Mallet, écuyer, seigneur de Vandègre, capitaine d'infanterie, fils de messire Claude-Louis Mallet, écuyer, chevalier, seigneur de Vandègre et de Lormet, et de Mme Suzanne de Chambaud, demeurant au château de Lormet, paroisse de Valignat; avec dame Mme Gilberte de Salvert, veuve de messire Louis de la Roche, seigneur des Brets, demeurant au château des Brets, paroisse de Villefranche.

1755, 28 janvier. — Mariage d'Amable de Montaignac de la Rochebriant de Chauvance, officier de dragons dans le régiment de Thianges, fils de messire Gaspard-Amable de Montaignac de la Rochebriant de Chauvance et de dame Mme Marie-Jeanne Cadier, de la paroisse de Saint-Pierre de Montluçon; avec damoiselle Marie-Gabrielle de la Mousse, fille de messire Nicolas de la Mousse, seigneur de Beaune, la Faye, les Miniers, etc., et de dame Marie-Anne de Montaignac.

1760, 3 juin. — Mariage de messire Gilbert Malley, conseiller du roi, sieur de Rongère et lieutenant général civil et criminel, châtelain en la châtellenie royale de Murat, à Montmaraud, fils de feu Claude, vivant seigneur des Prugnes, et de dame Anne Varin, de la paroisse de Sazeret ; avec damoiselle Marie-Suzanne Chaumet, fille de messire Antoine Chaumet, conseiller du roy et son receveur en la maîtrise particulière de Montmaraud, et de dame Marie-Gilberte Cluzel. Présents : Antoine Chaumet, père de l'épouse ; Alexandre Chaumet, frère germain ; Amable des Cloux, cousin germain ; le sieur Antoine Hennequin, avocat en parlement ; les sieurs Paul Michelon, conseiller du roi, procureur en la châtellenie de Murat ; Marien-Gilbert Michelon, sieur de Fline, maître particulier des eaux et forêts ; les sieurs Antoine Malley, bourgeois de la paroisse de Besson ; Jacques Malley, sieur des Prugnes, frère germain de l'époux ; Gabriel Camus, avocat en parlement, beau-frère de l'époux, etc.

1760, 4 août. — Mariage de Pierre Camus des Chaulmes, licencié ès lois, fils de feu François, vivant chirurgien, et de défunte Marie Debesson, de la paroisse de Saint-Bonnet-de-Four ; avec damoiselle Marie Aufauvre, fille de feu Gilbert, vivant notaire royal, et de feu Jeanne Guillet, de cette paroisse. Présents : François Aufauvre, notaire royal, cousin germain de la future, et Antoine Camus, frère de l'époux.

1763, 24 avril. — Baptême de Marie-Gilberte Malley, fille de messire Gilbert Malley de Rongère, conseiller du roi, lieutenant général civil et criminel, châtelain de la châtellenie royale de Murat, à Montmaraud, et de dame Suzanne Chaumet. Parrain le sieur André Malley, époux de dame Astier, de la paroisse de la Feline ; et marraine dame Marie-Gilberte Cluzel, épouse du sieur Antoine Chaumet, conseiller du roy et son receveur en la maîtrise des eaux et forêts de Montmaraud.

1764, 15 mars. — Baptême d'Antoine Malley de Rongère, fils de Gilbert, conseiller du roi, lieutenant général, châtelain de la châtellenie royale de Murat, et de Suzanne Chaumet. Parrain Antoine Chaumet, conseiller du roi et son receveur des eaux et forêts, et marraine Marie Malley, veuve de M. Aumaistre, paroisse de Sazeret.

1764, 21 septembre. — A été inhumé dans la chapelle de la Vierge de cette église, par nous, Bogne, prieur soussigné, le corps de messire Joseph-Henri Bogne, ancien procureur du parlement de Paris, résidant d'ordinaire dans la ville d'Auxerre, paroisse de Saint-Eusèbe, veuf en secondes noces de damoiselle Marie Gaborit, âgé de soixante-sept ans.

1765, 8 juillet. — Baptême d'Alexandre Malley de Rongère, fils de messire Gilbert Malley, conseiller du roi, lieutenant général en la châtellenie royale de Murat, et de dame Suzanne Chaumet. Parrain Antoine Montrognon, représentant messire Chaumet, avocat en parlement, oncle de l'enfant, et marraine Antoinette Déchet.

1765, 31 décembre. — Baptême de Marie-Rose Béquat, fille de Nicolas Béquat, lieutenant des gabelles, et d'Elisabeth de Martilly. Parrain Gilbert

Fugier, capitaine de la gabelle de Montaigut, et marraine Marie-Marguerite de Martilly.

1766, 19 novembre. — Mariage de Gilbert Balayé, employé dans les fermes du roi, veuf d'Anne Bonabry, avec damoiselle Marie-Rose Maquet, fille de messire Jean Maquet de Barbaudière, sieur de Martilly, et de feu Mme Elisabeth des Baudons, de la paroisse de Cérilly.

1772, 18 février. — Sépulture d'Antoine Hennequin, fils de messire Alexandre Hennequin, notaire royal, et de damoiselle Marie Joly.

1776, 18 avril. — Mariage de messire Jean Murgeon, receveur aux traites foraines et domaniales aux Guillaumais, fils de Jean et de Gilberte Mandosse, avec damoiselle Anne-Marie Chabrol, fille de messire Antoine, sieur de Montilly, et de dame Elisabeth Rochefort, de la ville et paroisse de Montaigut.

1778, 12 janvier. — Mariage de Louis-Aimé de Collasson, chevalier, capitaine de cavalerie, maréchal des logis de Monsieur, frère du roy, fils de messire Pierre de Collasson, chevalier, seigneur de Fontys, et de défunte dame Marguerite de Bressolles, de la paroisse d'Idz ; avec damoiselle Marie-Catherine-Ursule Chaumet, fille de défunt messire Antoine Chaumet, conseiller du roy, et de défunte dame Marie-Gilberte Cluzel, de la paroisse de Montmaraud ; icelle damoiselle procédant sous l'autorité de messire Alexandre Chaumet, conseiller du roy et son receveur en la maîtrise de Montmaraud, avocat en parlement, son frère et curateur, de cette paroisse.

1781, 18 juin. — Mariage de messire Annet de Bar, écuyer, seigneur de Chateaujaloux, Lacombe, etc., ancien lieutenant au régiment de Quercy-Infanterie, veuf de dame Marie-Thérèse Martin de Saint Prié, de la paroisse de Saint-Quintin, avec damoiselle Gilberte de Chambaud, fille de feu messire Gilbert de Chambaud, chevalier, seigneur de Jonchère, et de dame Françoise Varin, de cette paroisse. Présents : Marien de Chambaud, frère de l'épouse, et Amable de Fontange, chevalier, seigneur de la Fauconnière, et autres parents et amis.

1782, 4 février. — Mariage d'Estienne Laporte, marchand, fils de défunt Jean Laporte, propriétaire, de la paroisse de Chavenon, et de feu Elisabeth Desvaux, de cette paroisse ; avec Thérèse Cluzel, fille de feu Pierre Cluzel, propriétaire, et de feu Jeanne Citon. Présents : Maurice, Jean et Jean-Baptiste Laporte, frères de l'époux ; Jacques Cluzel et Gilbert Cluzel, oncles de l'épouse.

1783, 12 mai. — Baptême de Jean Laporte, fils d'Estienne Laporte, propriétaire, et de Thérèse Cluzel. Parrain Jean Desvaux, de Saint-Priest-en-Murat, et marraine Madeleine Camus, de Saint-Bonnet-de-Four.

1783, 25 novembre. — Mariage de Gilbert Cousin de Jeux, fils du sieur Gilbert Cousin de Jeux, ancien conseiller du roi, élu en l'élection de Gannat, et de feu dame Marie-Elisabeth Gamard, de la paroisse de Deneuille ; avec damoiselle Marie de Chambaud de Condat, fille de défunt messire Nicolas de Chambaud de Condat, écuyer, ancien officier d'infanterie, et de dame Françoise Chopin, de cette paroisse.

1784, 16 novembre. — Mariage d'Estienne Laporte, fermier de la Faye, veuf de Thérèse Cluzel, avec damoiselle Anne-Elisabeth Aufauvre, fille du sieur

François Aufauvre, notaire royal, et de dame Françoise Ribaud, de cette paroisse de Beaune.

1785, 13 juin. — Sépulture de Marie Aufauvre, veuve du sieur Pierre Camus, licencié ès lois, âgée de soixante-dix ans. Présents : Gilbert Michelon, procureur du roi en la châtellenie de Murat ; Gilbert-Louis-Grégoire Michelon, sieur de Cheuzat ; Marien-Gilbert Michelon de Salut, licencié ès lois, ses neveux ; Antoine Camus et Pierre Moncelon, ses beaux-frères.

1801, 26 juillet. — Sépulture de Marie de Chambaud, âgée de cinquante-sept ans, de son vivant propriétaire à Ladoue de cette paroisse, veuve de feu Gilbert Cousin de Jeux.

1802, 5 mars. — Incendie au presbytère de Beaune, rapporté par une note de M. Caillot, curé de la paroisse :

Dans la nuit du 4 au 5 mars 1802, quelques personnes malintentionnées mirent le feu à l'aile gauche du prieuré de Beaune. Je serais devenu la proie des flammes, si je n'avais pas été réveillé à trois heures du matin par mon cheval qui portait ses fers dans l'auge. Mes premiers soins furent de regarder dans la cheminée et ensuite dans la cour. Là, je vis les écuries et la grange en feu. Le premier objet que je sauvai des flammes fut mon cheval que le feu tenait de près et qui avait déjà tout le poil brûlé. Avant d'entrer dans l'écurie, je me rassurais en me voyant protégé par un plancher et deux poutres. De suite, je pénétrais à mon cheval, coupais le licol et me sauvais promptement ; mon cheval me suivit. Je ne passais point dans le feu ; mais en sortant, je me brûlais les jambes, les mains et la figure. Le feu consuma, en un instant, vingt-trois toises de bâtiments en longueur et les appartements que j'occupais furent brûlés ou détruits par le feu ou ceux qui l'éteignirent. On accusait un fou d'avoir mis le feu ; il fut mis en arrestation ; le tribunal de la police correctionnelle ne trouva pas les accusations assez concluantes, quoiques véritables, pour le retenir ; il fut mis en liberté. Dieu veuille que ce soit son dernier incendie ! Je sauvais mes meubles meublants par le prompt secours des habitants et j'estime la perte que j'ai subie dans la grange et les écuries à la somme de 1.200 francs.

1803, 7 mars. — Mariage de M. François Stinger, âgé de dix-neuf ans, instituteur, fils de feu Pierre Stinger et de dame Gabrielle Rousseau, de la paroisse de Saint-Pierre de Montluçon ; avec damoiselle Françoise-Rosalie Cousin, âgée de dix-huit ans, fille de feu Gilbert Cousin de Jeux et de dame Marie de Chambaud. Présents : messire François Cousin, de la paroisse d'Echassières, oncle de l'épouse, et Estienne Stinger, frère de l'époux.

1804, 16 avril. — Baptême de Louis-Gilbert Bertholet, fils de Jacques, notaire public aux Guillaumets, et de Marie-Suzanne-Angèle Malley. Parrain Louis Bertholet, son oncle, propriétaire aux Meuniers, paroisse de Malicorne ; et marraine Gilberte-Marie Malley, tante, veuve de feu M. François-Thomas Marthoret, notaire à Montmarault.

1804, novembre. — La population de la paroisse de Beaune, à la fin de novembre 1804, est de 1.027 habitants qui se décomposent comme suit : 652 adultes qui ont fait leur première communion, et 375 enfants qui ne l'ont pas encore faite.

1805, 7 juillet. — Baptême de Sophie-Catherine-Marie Thévenin, fille de Pierre Thévenin, marchand, propriétaire à Cornassat, et de Catherine Bouchardon. Parrain Estienne Laporte, propriétaire aux Joberts, et marraine damoiselle Sophie-Catherine-Marie de Montaignac.

1806, 27 février. — Baptême de Marie-Agathe-Alexandrine de Collasson, fille de M. Alexandre-Louis de Collasson, propriétaire, et de dame Anne-Luce Michelon de cette paroisse. Parrain Joseph Michelon, son oncle, pensionnaire du lycée de Moulins, et marraine dame Marie-Agathe de Collasson, épouse de M. Charles Le Bel, de la paroisse de Commentry.

1806, 14 avril. — Baptême d'Alexandre-François Bertholet, fils de M. Jacques Bertholet, maire de la commune et notaire public, et de dame Marie-Suzanne-Angèle Malley. Parrain M. Alexandre-François Malley, son oncle, sieur du Gât, paroisse de Saint-Priest-en-Murat, et marraine dame Pétronille Beynat, épouse de M. Aupetit-Durand, de Colombier.

1807, 2 octobre. — Baptême de Françoise de Collasson, fille de M. Alexandre-Louis de Collasson, propriétaire aux Guillaumets, et de dame Anne-Luce Michelon, de cette paroisse. Parrain M. Gilbert-Félix de Collasson de Fontys, paroisse d'Hyds, et marraine damoiselle Françoise de la Roche, de Villefranche.

1808, 18 janvier. — Mariage de Jean-Joseph-Louis-Aimé de Lanthonie, fils de M. Jean-Joseph de Lanthonie et de dame Claude-Pétronille de Courtoux, du château de la Garde, paroisse de la Garde, diocèse de Tulle (Corrèze), avec demoiselle Marie-Anne de Montaignac de Chauvance, fille de feu Amable de Montaignac de Chauvance et de défunte dame Marie-Gabrielle de la Mousse de la Faye, de cette paroisse.

1808, 4 novembre. — Baptême de Louis-Henri-Edouard de Collasson, fils de Louis-Alexandre, propriétaire aux Guillaumets, et de dame Marie-Anne-Luce Michelon. Parrain Gilbert-Henry-Edouard de Collasson, propriétaire à Sallebrune, demeurant à Hyds, et marraine dame Marie-Claudine Michelon du Cholet, épouse de M. Claude Souchard, de Villefranche.

1809, 16 janvier. — Baptême d'Elisabeth-Sophie Bertholet, fille de M. Jacques, propriétaire, notaire impérial aux Guillaumets, et de dame Suzanne-Marie-Angèle Malley, de cette paroisse. Le parrain a été Louis-Gilbert-Jacques Bertholet, frère de l'enfant, et la marraine Marie-Suzanne-Elisabeth Bertholet.

1810, 7 mai. — Baptême d'Anne-Caroline de Collasson, fille de M. Louis-Alexandre de Collasson, propriétaire aux Guillaumets, et de dame Anne-Luce Michelon. Parrain M. Charles Le Bel, son oncle, propriétaire à Doyet, et marraine dame Anne de la Roche, de Villefranche.

1812, 28 septembre. — Baptême de Gilbert-Melchior Bertholet, fils de M. Jacques Bertholet, notaire impérial aux Guillaumets, et de dame Suzanne-Angèle Malley. Parrain M. Gabriel Malley, son oncle, de la paroisse de Montmaraud, représenté par Sébastien Aufauvre, son cousin, de Beaune; marraine dame Solange Aupetit-Durand, sa cousine, de la paroisse d'Hyds, représentée par Anne Michelon, de cette paroisse.

1813, 16 février. — Baptême de Madeleine-Irma de Collasson, fille de M. Louis-Alexandre de Collasson, propriétaire aux Guillaumets, et de dame Anne-Luce Michelon. Parrain M. Sébastien Luylier, son oncle, de la paroisse de Venas; marraine dame Madeleine de Collasson, sa tante, épouse de M. Chaumet, de la paroisse de Deneuille.

1813, 25 février. — Baptême d'Anne-Françoise de Collasson, fille de M. Gilbert-Henry-Edouard de Collasson, propriétaire à Sallebrune, et de dame Marie-Anne-Delphine de la Roche. Parrain M. Louis-Alexandre de Collasson, son oncle, de cette paroisse, et marraine dame Françoise-Anne Gougnon, sa grand'mère.

1814, 21 février. — Baptême d'Henry-Adrien de Collasson, fils de M. Louis-Alexandre de Collasson, propriétaire aux Guillaumets, et de dame Anne-Luce Michelon. Parrain Henry de Collasson, son frère, et marraine damoiselle Alexandrine-Agathe de Collasson, sa sœur.

1814, 3 mars. — Baptême de Marie Kindeler, fille de M. Benoît Kindler, commissaire des guerres et adjoint du service militaire du département de l'Allier, demeurant à Moulins, et de damoiselle Rose Royer. Parrain M. Martin Blanc, son oncle, marchand-négociant à Montmarault, et marraine dame Marie Royer, sa tante, épouse de M. Georges-Antoine Boucaumont des Garennes, de cette paroisse.

1815, 10 mars. — Lettre de M. le sous-préfet de l'arrondissement de Montluçon à M. Laporte fils, propriétaire à Beaune :

Monsieur, tous les bons propriétaires, toutes les personnes pensant bien, et c'est aujourd'hui l'universalité des citoyens, ont formé un corps à cheval pour le passage des princes en voyage. Ces corps sont organisés dans les départements voisins et dans les trois autres arrondissements de ce département. Aussi l'arrondissement de Montluçon, qui s'est distingué dans les temps difficiles par le bon esprit qui l'animait, saisira, j'en suis sûr, avec empressement, cette circonstance pour montrer son attachement à ses souverains légitimes.

J'ai donc pensé, Monsieur, que, comme appartenant à la classe des citoyens pensant bien et aisés, ce serait vous faire plaisir que de vous compter au nombre de ceux qui doivent former le cortège du prince qui doit honorer cette contrée de sa présence, et qui peuvent concourir au maintien de l'ordre public. Il n'est point nécessaire d'avoir un uniforme en règle, un sabre et des pistolets. Le chapeau à la française et un cheval : voilà tout ce qu'il faut. Cette formation étant d'abondance et temporaire, il ne s'agit point ici du privilège de commander ni d'être commandé. Le bon esprit doit tout faire, tout concilier et tout réunir. Il s'agit de montrer l'exemple du dévouement. Officiers et soldats, tous sont égaux en pareil cas, et, certainement, vous serez un des premiers à donner ce bon exemple.

Je vous préviens que vos collègues se réuniront, à Montluçon, jeudi prochain, sur les dix heures du matin, afin de procéder à l'organisation du corps distingué dont vous devez faire partie. Je vous invite et avec instance à vous trouver à cette réunion.

Signé : AMELOT.

1819, 23 décembre. — Baptême de Marie-Thérèse de Collasson, fille de M. Gilbert-Henry-Edouard de Collasson de Sallebrune, et de dame Marie-Anne-Delphine de la Roche, de cette paroisse. Parrain M. Gilbert-Félix de Collasson de Civrais, son oncle paternel, de la paroisse de Louroux-Hodement, et marraine dame Marie de Gougnon, épouse de M. Louis-Joseph de Souffrain, ancien lieutenant-colonel de cavalerie, chevalier de Saint-Louis, domicilié à Bourges.

1823, 5 novembre. — Baptême de Gustave Laporte, fils de Jean et de Marie-Suzanne-Elisabeth Bertholet. Parrain Jacques Bertholet, son aïeul, et marraine Elisabeth Aufauvre, son aïeule par alliance.

1827, 13 juillet. — Baptême de Marie-Elisabeth-Félicité Laporte, fille de Jean Laporte et de Marie-Suzanne-Elisabeth Bertholet. Parrain François-Alexandre Bertholet, son oncle, et marraine Marie Elisabeth-Sophie Bertholet, sa tante.

1832, 31 juillet. — Mariage d'Antoine de Revanger, fils de Nicolas-François de Revanger et de feu Anne-Marie de la Codre, de Contigny, avec damoiselle Agathe de Collasson, fille de Louis-Alexandre de Collasson, et de Anne-Luce Michelon du Cholet. Présents : Gilbert de Revanger de Villards, Gilbert de la Codre du Roty, Alexandre-Louis de Collasson, Joseph-Martin Michelon du Cholet, Félix de Collasson.

1833, 13 octobre. — Mariage de Sébastien Siramy, fils de feu Jean-Baptiste Siramy et de Jeanne Siramy, de Louroux-de-Beaune, paroisse de Hyds, avec Elisabeth Thévenin, fille de feu Pierre Thévenin et de Catherine Bouchardon, de Beaune.

1834, 29 mars. — Baptême de Marie-Suzanne-Angèle Bertholet, fille de Louis-Gilbert-Jacques Bertholet et de Marie-Claudine-Alexandrine Gardien. Parrain Claude Gardien et marraine Marie-Suzanne-Angèle Malley.

1835, 22 septembre. — Mariage de Jules des Mazis, fils de M. Henry-Victor-Chrétien des Mazis et de dame Victoire-Françoise-Alexandrine de Charette de la Colinière, domiciliés à Sceaux, diocèse du Mans, avec Françoise-Anne de Collasson, fille de M. Gilbert-Henri-Edouard de Collasson et de dame Marie-Anne-Delphine de la Roche, de cette paroisse.

1835, 13 octobre. — Mariage de Paul-Eugène de

la Celle, fils de M. Sylvain de la Celle, de Chapette, paroisse de Deux-Chaises, et de dame Antoinette-Clotilde de Loubens de Verdalle, de Chapette, avec Madeleine-Irma de Collasson, fille de M. Alexandre-Louis de Collasson et de dame Anne-Luce Michelon du Cholet, de cette paroisse.

1836, 14 juin. — Mariage de Gilbert Aupetit-Durand, maire de Colombier, fils de M. Jean-Louis Aupetit-Durand, ancien magistrat, et de défunte dame Pétronille Beynat, avec Sophie-Elisabeth Bertholet, fille de feu M. Jacques Bertholet et de dame Marie-Suzanne-Angèle Malley des Guillaumets.

1837, 19 avril. — Baptême de Louis-Gilbert-Alexis Bertholet, fils de M. Louis-Gilbert-Jacques, maire de Beaune, et de dame Marie-Claudine-Alexandrine Gardien. Parrain Pierre Gardien et marraine dame Marie-Suzanne-Elisabeth Bertholet.

1837, 22 avril. — Sépulture d'Elisabeth Aufauvre, âgée de quatre-vingts ans.

1837, 1er juillet. — Baptême d'Anne-Marie-Noémie de la Celle, fille de Paul-Eugène de la Celle et de dame Madeleine-Irma de Collasson. Parrain Sylvain de la Celle et marraine dame Anne-Luce Ducholet.

1837, 21 juillet. — Sépulture de M. Alexandre de Collasson, âgé de soixante ans.

1838, 11 octobre. — Baptême de Gilbert-François-Jacques-Henry Aupetit-Durand, fils de M. Gilbert-Marie Aupetit-Durand et de dame Elisabeth-Sophie Bertholet. Parrain Louis-Gilbert-Jacques Bertholet, maire de Beaune, et marraine dame Françoise-Hélène Boutin-Dethour.

1840, 7 janvier. — Mariage d'Alphonse-François

des Mazis, lieutenant, fils de M. Henri-Victor-Chrétien des Mazis et de dame Victoire-Françoise-Alexandrine de Charette de la Colinière, du diocèse d'Alençon, avec Marie-Thérèse de Collasson, fille de Gilbert-Henry-Edouard de Collasson et de dame Marie-Anne-Delphine de la Roche, de Beaune.

1840, 11 juin. — Baptême d'Hippolyte-Albert de la Celle, fils de M. Paul-Eugène de la Celle et de dame Marie-Madeleine de Collasson. Parrain M. Hippolyte-Albert de la Celle et marraine dame Marie-Alexandrine Michelon.

1853, 1er avril. — Sépulture de Marie-Suzanne-Elisabeth Bertholet, femme de Jean Laporte des Joberts, décédée à l'âge de quarante-neuf ans.

1853, 25 novembre. — Sépulture de dame Delphine de la Roche, épouse de M. Edouard de Collasson, décédée en son château de Sallebrune, à l'âge de soixante ans.

1855, 11 septembre. — Mariage de Joseph Camus, propriétaire, fils d'Antoine Camus et de dame Victoire-Hortense Daubertet, de Montmarault, avec Marie-Elisabeth-Félicité Laporte, fille de Jean Laporte des Joberts, et de feu Marie-Elisabeth Bertholet.

1857, 5 mai. — Mariage de Philippe-Jean-Baptiste Meilheurat, notaire à Chantelle, fils d'Antoine-Alphonse Meilheurat et de Catherine Lartaud, avec Marie-Louise Bertholet, fille de Louis-Gilbert-Jacques Bertholet et de Marie-Claudine-Alexandrine Gardien, de cette paroisse.

1857, 3 août. — Mariage de Claude-Léon Gardien, fils de Pierre Gilbert Gardien de Verzun, et de Reine-

Lucile Dumas, de la paroisse de Target, avec Marie-Suzanne-Angèle Bertholet, fille de Louis Jacques-Gilbert et de Claudine-Alexandrine Gardien, de cette paroisse.

1857, 1er septembre. — Sépulture d'Améline de la Celle, fille de Paul de la Celle, et d'Angèle Sainsbut des Garennes, âgée de neuf ans.

1858, 25 octobre. — Sépulture de Gilbert-Henry-Edouard de Collasson, décédé à Sallebrune, de cette paroisse, à l'âge de soixante-seize ans.

1859, 23 avril. — Sépulture d'Alphonse des Mazis, époux de Marie de Collasson, décédé à Bourbon, âgé de quarante-neuf ans.

1859, 18 juillet. — Mariage de François Petitier, notaire à Louhans, diocèse d'Autun, fils d'Hubert Petitier, juge au tribunal d'Autun, et de Marie-Eugénie Gautherin, d'une part, avec Anne-Armandine de Frémont, fille d'André-Achille-Martin de Frémont et de Marie-Françoise Armandine Rochette de Lempdes.

1860, 25 juin. — Baptême de Denise Gardien, fille de Claude-Léon Gardien de Verzun, paroisse de Target, et de dame Marie-Suzanne-Angèle Bertholet. Parrain Pierre-Gilbert Gardien, grand-père, et marraine Marie-Claudine Bertholet, grand'mère de l'enfant.

1861, 21 décembre. — Sépulture d'Auguste de la Celle, fils de Paul de la Celle et de Jeanne-Marie de Sainsbut des Garennes, décédé à l'âge de sept ans.

1863, 1er janvier. — Sépulture de Marie-Claudine-Alexandrine Gardien, épouse de Louis-Gilbert-Jacques Bertholet, âgée de cinquante-quatre ans.

1863, 9 février. — Baptême de Marie-Hippolyte de la Celle, fils de Paul-Eugène de la Celle et de Marie-Jeanne-Angèle de Sainsbut des Garennes. Parrain Albert-Hippolyte de la Celle, frère, et marraine Anne-Noémie de la Celle, sœur de l'enfant.

1864, 5 mai. — Sépulture de Jean Laporte des Jauberts, âgé de quatre-vingt-un ans.

1864, 20 juillet. — Mariage de Gustave Chanier, de Saint-Marcel-en-Murat, fils de Gilbert-Alexandre et de Jeanne-Delphine Desmaroux, avec Louise-Marie-Claudine Bertholet, fille de Louis-Gilbert-Jacques Bertholet et de Marie-Claudine-Alexandrine Gardien, de cette paroisse.

1865, 1er octobre. — Sépulture de Marie-Antoinette-Léonie Meilheurat, fille de feu Philippe Meilheurat et de Marie-Louise Bertholet, âgée de sept ans.

1865, 12 décembre. — Sépulture de Pierre-Sébastien Siramy, époux d'Anne-Elisabeth Thévenin, de Cornassat, maire de la commune, âgé de soixante-cinq ans.

1867, 27 janvier. — Baptême de Marie-Alix de Frémont, fille de Michel de Frémont et de Jeanne-Berthe Abord. Parrain André de Frémont, grand-père, et marraine Alice-Théodorine de Corneau, grand'mère de l'enfant.

1869, 24 juin. — Baptême de Jean-Marie-Edmond de Frémont, fils de Michel de Frémont et de Jeanne-Berthe Abord. Parrain Jean-Marie-Edme Abord, grand-père, et marraine Anne-Françoise-Armandine Rochette de Lempdes, grand'mère de l'enfant.

1872, 16 décembre. — Mariage de Raoul d'Eymard de Jabrun, de Clermont, fils d'Auguste d'Eymard de

Jabrun et de feu Marie-Anastasie Bellaigue de Bughas, avec Marie-Clotilde de la Celle, fille de Paul-Eugène de la Celle et de feu Irma de Collasson.

1873, 16 mars. — Sépulture de Louis Bertholet, veuf de dame Angèle Gardien, soixante-huit ans.

1875, 21 janvier. — Mariage de Pierre-Arthur des Mazis, agriculteur à Arbal, province d'Oran, fils de défunts Louis-Auguste et Engilberthe-Rosalie Robert de Saint-Vincent, avec Anne-Noémie de la Celle, fille de Paul de la Celle et de feu Irma de Collasson.

1876, 14 février. — Sépulture de Thérasie de la Celle, née de Villelume.

1877, 1er août. — Sépulture d'Angèle de Sainsbut, épouse de Paul de la Celle.

1878, 5 octobre. — Sépulture d'Alexis Bertholet, décédé à Colombier, époux de Marie Mazon, âgé de trente-neuf ans.

1878, 10 novembre. — Sépulture de Gaspard Chartron, instituteur public à Beaune, âgé de soixante et onze ans.

1883, 28 novembre. — Sépulture de Marie-Louise-Nathalie Bertholet, veuve Meilheurat, décédée à Montmarault, âgée de cinquante ans.

1887, 18 octobre. — Sépulture d'André-Achille de Frémont, époux de feu Anne Rochette de Lempdes, âgé de quatre-vingt-deux ans, décédé au Mazeau, de la paroisse de Beaune, et inhumé à Hyds.

1892, 5 avril. — Sépulture de Paul-Eugène de la Celle, veuf en premières noces d'Irma de Collasson et en secondes noces d'Angèle de Sainsbut des Garennes, décédé aux Guillaumets, de Beaune, à l'âge de quatre-vingt-deux ans.

1893, 1er juillet. — Sépulture d'Anne-Elisabeth Thévenin, veuve de Pierre-Sébastien Siramy, décédée à Cornassat, de Beaune, âgée de quatre-vingt neuf ans.

Voici l'article nécrologique que lui consacra le journal *la Croix de l'Allier :*

Après de très longues et douloureuses souffrances supportées jusqu'à la fin avec une parfaite résignation, s'est éteinte doucement, dans la paix du Seigneur, en sa modeste habitation de Cornassat, Anne-Elisabeth Thévenin, veuve Siramy. Sous une frêle enveloppe, cette femme vertueuse cachait un cœur d'or, une âme d'élite. Je ne crois pas qu'on lui ait jamais tendu la main pour une bonne œuvre sans avoir vu sa demande favorablement accueillie. Elle donnait à tous, elle donnait pour tout dès qu'il s'agissait de la gloire de Dieu et du bien des âmes.

Son œuvre la plus apparente a été la fondation d'une école chrétienne libre confiée à la sage et ferme direction des excellentes religieuses de Saint-Joseph du Cheylard (Ardèche). Mais combien d'autres œuvres, non moins méritoires, dans cette longue existence de quatre-vingt-dix années ! Dieu seul les connaît, comme il connait seul les nombreux sacrifices et toutes les privations qu'elle a dû supporter pour les accomplir. Puisse-t-elle en recevoir bientôt la récompense !

En voyant la foule recueillie qui se pressait à ses funérailles, présidées par M. le chanoine Vichy, vicaire général, entouré d'une quinzaine de prêtres, on se plaisait à penser que déjà, sur la terre, Dieu voulait exalter son humble servante. Aussi se surprenait-on à la prier pour soi plutôt qu'à prier pour elle.

1894, 16 août. — La confirmation a été donnée aux enfants de Beaune par Mgr Dubourg, évêque de Moulins. Le conseil municipal, ayant à sa tête M. Victor Ferrier, maire, souhaite la bienvenue à Mgr l'évêque.

1895. — Dans le cours de l'année, la grêle a fait des ravages sur certains points de la paroisse. Ladoue, Valoin, le Mazeau ont été particulièrement éprouvés. Depuis fort longtemps pareille chose n'était arrivée.

1898, 28 avril. — Mgr Dubourg, évêque de Moulins, donne le sacrement de confirmation, en l'église de Beaune, aux enfants des paroisses de Beaune, Hyds et Louroux-de-Beaune.

1900. — Cette année, une grave épidémie d'influenza s'abat sur la paroisse. Venue de l'est, elle sévit, en février et en mars, avec une intensité inouïe et en quelques semaines elle couche une dizaine de personnes dans la tombe, parmi lesquelles de jeunes femmes enlevées à l'affection de leur mari et de leurs enfants, et deux amies des pauvres et des bonnes œuvres : Mme de la Celle des Guillaumais et Mélanie Décloux, du bourg, qui meurent à quelques jours d'intervalle. Nous payons notre tribut à la maladie qui paralyse notre ministère ; mais, grâce au dévouement de MM. Gravlo, curé de Montord, Cornier, vicaire de Montvicq, et Antony Blanchet, professeur au Petit Séminaire, nos paroissiens peuvent recevoir les sacrements sans interruption. (Note du curé.)

1902, 5 mai. — Mgr Dubourg, évêque de Moulins, confirme les enfants de la paroisse et ceux de Louroux-de-Beaune.

1908, 24 mai. — Confirmation des enfants de la paroisse par Mgr Lobbedey, évêque de Moulins.

1910, 28 juillet. — Est mort, ce jour, à l'âge de quatre-vingt-cinq ans, dans sa demeure des Jauberts,

M. Gustave Laporte. Ancien élève d'Iseure, cet homme de bien, timide, réservé, simple de manières et de mode d'existence, vivait là, depuis près d'un siècle, s'occupant de la gestion de ses propriétés et donnant l'exemple des vertus civiques et chrétiennes. Il faisait la charité, mais à sa façon. Il voulait la plus grande discrétion sur le bien qu'il faisait. Homme d'autrefois égaré dans notre société actuelle, il ne se gênait pas pour faire, dans l'intimité, le procès des mœurs nouvelles, de cet esprit d'indépendance dont il gémissait en silence et il répétait souvent que, sans la religion, il n'y a pas de respect, pas d'ordre et pas de soumission possible à l'autorité. Ses obsèques eurent lieu le 30 juillet. Elles furent simples et modestes comme sa vie et sans apparat extérieur.

1913, 5 décembre. — Un terrible accident est arrivé au moulin de Sallebrune : Auguste Perrin, le propriétaire du moulin, voulant faire une réparation pendant que son moulin était en marche, a été surpris par l'engrenage et broyé. On le dégagea péniblement, et quand on le transporta chez lui, il avait les membres brisés, la colonne vertébrale coupée en deux et le crâne entr'ouvert. Le défunt jouissait de l'estime générale, qu'il devait à sa probité, à son amour du travail et à son dévouement à sa famille.

1913. — Cette même année, une éclosion de fièvre typhoïde fit son apparition. Elle débuta, à la fin de l'automne, au village de Pouënat, où elle fit plusieurs victimes. De Pouënat elle s'abattit sur le bourg. Un certain nombre de personnes en furent atteintes gravement. Le bourg fut mis en quarantaine ; les habitants affolés n'y venaient plus ; les plus peureux désertèrent et se rendirent dans les paroisses voisines pour remplir leurs devoirs religieux et on fut témoin de quelques cas d'égoïsme peu flatteurs pour la pauvre humanité.

1914, 1er mai. — Confirmation des enfants de la paroisse par Mgr Penon, évêque de Moulins.

1914, 1er août. — Samedi, à cinq heures du soir, annonce de mobilisation générale, en vue d'une imminente déclaration de guerre. Le tocsin sonne au beffroi de l'église. Consternation et effarement. Le bourg s'anime pendant que la cloche continue ses tintements lugubres, appelant au feu. On est inquiet et chacun fait un retour sur soi. Que va-t-il se passer ? Les événements sont graves et la minute est solennelle. Calme des hommes ; les femmes pleurent. La nuit va s'étendre et envelopper de son ombre cette angoisse qui plane sur nous. Que sera demain ? Aurons-nous des nouvelles ? Et dire que, par toute la France, cette nuit est la veillée des armes. Quelle triste, épouvantable chose que la guerre !

1914, 3 août. — La nuit, à deux heures, un ouragan terrible, venant de la direction de Commentry, s'abat sur Hyds, fauchant, comme un cyclone, les arbres sur son passage, à travers Beaune, Saint-Bonnet-de-Four, Montmarault et la direction de Saint-Pourçain. Dégâts énormes, pluie diluvienne. Le nord de la paroisse a été particulièrement éprouvé.

1914, 4 août. — Le sort en est jeté. A dix heures, on placarde, sur la maison du maire, un message de Poincaré, président de la République française, annonçant que l'Allemagne, sans prévenir, sans avoir rappelé son ambassadeur, a violé la neutralité du territoire belge, traversé le Luxembourg et pénétré en territoire français. C'est la déclaration de guerre sans scrupule et contraire au droit des gens. Le message fait appel au courage et au patriotisme de tous... Vive la France ! et que Dieu nous protège !...

1915, 4 septembre. — Mort de M. Victor Ferrier, propriétaire à la Faye, de cette paroisse, emporté par une congestion cérébrale dont il était menacé depuis quelque temps. Il est mort en chrétien comme il avait vécu, et la mort ne l'a pas surpris. C'était une nature droite et franche, un esprit vif et personnel, aimant le principe d'autorité et le faisant respecter. Maire de Beaune pendant quelques années, il avait vite compris qu'il manquait de souplesse pour cette population. Il fut président du conseil de fabrique, pendant de longues années, et, dans ces fonctions, il fut le bras droit de son curé, qui trouva toujours en lui un homme de bon conseil et un cœur dévoué.

1916, 8 mai. — Confirmation des enfants de Beaune, à Hyds, par Mgr Penon, évêque de Moulins, accompagné de M. le chanoine Deschamps, vicaire général.

1918, 11 novembre. — A midi, nous apprenons que l'armistice vient d'être signé entre les Alliés et l'Allemagne. Cette nouvelle a été reçue avec satisfaction, mais sans démonstration. On a sonné les cloches, toute la soirée, pour annoncer la bonne nouvelle ; puis tout s'est endormi dans la nuit jusqu'au lendemain où ont reparu les occupations de la vie quotidienne.

1920, 1er février. — Bénédiction solennelle, en l'église, de la plaque commémorative à la mémoire de nos glorieux morts de la grande guerre. La paroisse de Beaune a payé un large tribut à la Nation et quarante de ses enfants sont tombés au champ d'honneur. Nous donnons ci-après leurs noms, qui doivent rester, comme leur dévouement, gravés dans nos cœurs reconnaissants.

Marcel Parillaud	Abel Démazière
Ferdinand Auger	Ferdinand Meunier
Jean-Louis Méloux	Ferdinand-Albert Daniel
Henri Meunier	Georges Méloux
Albert Branat	Jules Péronnet
Alphonse Bolaton	Eugène Denis
Jean-Baptiste Tourret	Antonin Daniel
Gustave Jambrun	Louis-Jean Dardard
Eugène Ferrandon	Alphonse Bizebard
Gustave Saint-Paul	Alexandre Dufour
Albert Barrat	Léon Petit
Alexis Chemel	Germain Bouchard
Joseph Boudet	Lucien Meunier
Félix Lartigaud	Henri-Alexandre Robert
Albert Ferrandon	Léon Caillot
Léon Méjassol	Alexis Chanier
Paul Auger	Paul Martin
Albert Mansat	Georges Pauquet
Louis Daniel	Alphonse Bouculat
Théophile Bouculat	Alphonse Petitalot

R. I. P.

TABLE

IMPRIMATUR :

Moulins, le 6 septembre 1922

R. DESCHAMPS,

V. G.

MOULINS, IMPRIMERIE CRÉPIN-LEBLOND